KB076152

로베르 쉬망의 잊혀진 비전

깊이 뿌리내린

로베르 쉬망의 잊혀진 비전

깊이 뿌리내린

지은이 | 제프 파운틴
옮긴이 | 최용준
펴낸이 | 원성삼
책임편집 | 김지혜
표지디자인 | 이세영
펴낸곳 | 예영커뮤니케이션
초판 1쇄 발행 | 2020년 6월 4일
등록일 | 1992년 3월 1일 제 2-1349호
주소 | 04018 서울시 마포구 동교로 55 2층(망원동, 남양빌딩)
전화 | (02) 766-8931
팩스 | (02) 766-8934
홈페이지 | www.jeyoung.com
ISBN 979-11-889887-20-9 (03300)

값 10,000원

Deeply Rooted
© 2010 Jeff Fountain, Heerde

이 도서의 국립중앙도서관 출판예정도서목록(CIP)은 서지정보유통지원시스템 홈페이지
(http://seoji.nl.go.kr)와 국가자료공동목록시스템(http://www.nl.go.kr/kolis-
net)에서 이용하실 수 있습니다.(CIP제어번호: CIP2020011271)

Deeply Rooted

로베르 쉬망의 잊혀진 비전

깊이 뿌리내린

지은이 **제프 파운틴** | 옮긴이 **최용준**

넬러꺼 보스하르트(Nelleke Bosshardt), 디르끄 바우만(Dirk
Bouman), 파울 반 바우터는(Paul van Buitenen), 데이비드 필
드센드(David Fieldsend), 산더 라우트빌러(Sander Luitwieler),
에버트 얀 아우어네일(Evert Jan Ou1weneel), 룻 로빈슨(Ruth
Robinson), 야니 로저스(Jannie Rogers), 토마스 쉬르마허
(Thomas Schirrmacher) 및 마이클 슐루터(Michael Schluter)를
비롯해 이 책의 초안을 개선하기 위해 제안을 해 주신 모
든 분께 감사드린다.

모든 오류는 저자의 전적 책임이다.

우리는

기독교적 기본가치에

깊이 뿌리내린

자유, 평등,

연대 및 평화 안에서

화해를 통해

'사람의 공동체'로

발전하는 거버넌스의

민주적 모델을 형성함으로써

유럽의 기독교적 기초로

우리 자신을 생각하도록 부르심을 받았다.

●

로베르 쉬망

어떻게 독일과 프랑스가 평화롭게 살 수 있을까? '히틀러의 전쟁의 종교(Hitler's Religion of War)'에 대한 방대한 연구를 한 후, 필자는 프랑스인들이 어떻게 용서할 수 있었는지 궁금했다! 그리고 어떻게 독일에 관한 모든 편견이 극복될 수 있었을까?

필자의 부친은 전쟁에서 독일 장교였다가 전후에 크리스천이 되었는데 두 가지를 지적했다. 첫째, 1962년 샤를 드 골(Charles de Gaulle)[1]과 콘라드 아데나워(Konrad Adenauer)[2]가 프랑스와 독일의 평화를 기념할

---

1 샤를 앙드레 조제프 마리 드 골(Charles André Joseph Marie de Gaulle: 1890-1970)은 프랑스의 레지스탕스 운동가, 군사 지도자이자 정치인, 작가이다. 1945년 6월부터 1946년 1월까지 임시정부 주석을, 1958년 6월 1일부터 6개월 총리로 전권을 행사했고 1959년 1월 8일에 제18대 대통령으로 취임하여 1969년 4월 28일까지 재임하였다. _역자 주

2 콘라드 헤르만 요제프 아데나워(Konrad Hermann Joseph Adenauer: 1876-1967)는 독일연방공화국의 초대 총리다. 1950년부터 1966년까지 독일기독교민주연합(Christlich Demokratische Union Deutschlands: CDU)의 총재를 지냈다. 또한 1951~1955년까지는 외무장관을 겸하기도 하였다.

때 랭스 대성당(Cathedral of Rheims)에서 예배가 드려진 것은 우연이 아니었다. 기독교는 화해의 종교이며 사회 문제에서도 화해를 위한 기반을 제공한다. 둘째, 이 행사가 끝난 후, 수십만 명의 학생이 양국 간 교환을 통해 한 달 동안 서로의 학교를 방문하여 새로운 세대가 우정과 이해를 구축할 수 있게 되었다.

두 사건 모두 로베르 쉬망의 아이디어를 현실화한 것이다! 그래서 이 책을 저술하여 쉬망의 비전을 되살려 준 제프 파운틴에게 감사하고 싶다. 이 책은 쉬망의 생애와 사상에 대한 모든 문을 열어 준다. 그의 삶은 제프가 시작한 운동의 이름을 사용하면 '유럽을 향한 희망(Hope for Europe)'을 제공한다.

유르옌 자일스트라(Jurjen A. Zeilstra)[3]는 인종차별주의, 민족주의 및

---

3 그의 박사학위논문 '*European Unity in Ecumenical Thinking 1937-1948*' (Zoetermeer: Uitgeverij Boekencentrum, 1995)

전쟁의 도전에 직면하여 기독 교회 간의 일치와 평화에 대한 희망과 유럽의 민족 및 국가 간의 연합과 평화에 대한 희망이 얼마나 커졌는 지 입증했다. 오늘날 많은 사람은 유럽연합이 시작된 것은 경제적인 이유가 아니라 기독교적 정신인 평화, 일치, 가치 및 인권을 증진하기 위함이라는 사실을 잊어버렸다. 그리스도인은 적어도 이 비전을 회복해야 한다.

사도 바울은 꿈에서 유럽의 한 남자가 외침을 보았다.

"건너와서 우리를 도우라(행 16:9, 역자 주)."

복음은 이 유럽 대륙을 변화시켰다.

우리가 로베르 쉬망 및 그의 동료의 인도를 따라간다면 이러한 일은 다시 일어날 수 있다.

토마스 쉬르마허 교수(Dr. Thomas Schirrmacher)
마틴 부처(Martin Bucer) 유럽 신학원 및 연구소장(본, 취리히)
국제종교자유연구소장(본, 케이프타운, 콜롬보)

제프 파운틴의 중요한 책을 한국어로 번역하기로 결정한 최용준 교수님께 칭찬과 격려를 드리고 싶습니다.

사실 유럽에서는 로베르 쉬망이 유럽연합을 창설한 분들 중의 한 분으로 유럽이 영적이고 문화적인 공동체로 기독교적인 문명과 민주주의라는 기초 위에 세워져야 함을 꿈꾸었다는 사실을 아는 분이 별로 많지 않습니다.

쉬망은 평화만으로는 충분하지 않으며 기독교적 가치인 화해야말로 그 궁극적인 목표임을 인지했습니다.

이것은 알시드 드 가스페리 및 콘라드 아데나워와 같은 다른 유럽연합 창설자들과도 공유되었습니다. 그러나 이러한 비전 및 기독교적 가치는 단지 공적으로 표현하는 것조차도 최근 유럽연합에서는 철저히 도전받고 있습니다.

따라서 최용준 교수님의 한국어 번역은 비유럽국가의 그리스도인에게도 경고가 되며 그들로 하여금 유럽과 유럽의 그리스도인을 위해 진지하게 기도해 줄 것을 초청하는 의미에서 매우 중요하고 시의적절하다고 생각합니다.

사무엘 푸파리[4] 교수(Prof. Dr. Samuele Furfari)

유럽연합 에너지 담당 국장 조언자, 브뤼셀 대학교 에너지 지정학부 교수

벨기에복음주의교회협회 회장

---

4 푸파리 교수는 에너지, 지정학, 환경 및 기독교에 대해 매우 많은 저작을 남기고 있다. 그의 최근 저서(불어)는 『당신은 환경주의자이면서 그리스도인이 될 수 있는가? 이교주의의 재림』 및 『아프리카에 전기를 공급하기』

로베르 쉬망 생애의 중요한 날짜

1886년 6월 29일 룩셈부르크 클라우센(Clausen)에서 출생

1896-1903년 룩셈부르크에서 중·고등학교 졸업

1904-1910년 베를린, 뮌헨, 본 및 스트라스부르 대학에서 법학 전공

1911년 모친 유제니 뒤렌(Eugénie Duren) 사망

1912년 알사스 로렌(Alsace Lorraine)에 호출됨 · 메츠(Metz)에 법률사무소 개원

1913년 메츠에서 독일 가톨릭 대회(Katholikentag) 조직 지원

1914년 메츠에 있는 독일군 부대에 보충병으로 복무하도록 소집

1915년 불레이(Boulay)에서 대체 복무로 변경

1919년 모젤(Moselle)의 국회의원으로 당선

1924년 모젤의 국회의원으로 재선

1928년 티옹빌(Thionville) 동부 선거구에서 국회의원으로 당선

1932년 티옹빌 동부 선거구에서 국회의원으로 재선

1936년 카트농(Cattenom) 지역상임의장(General Councilor)에 당선

1940년 레노(Reynaud) 및 페탱(Pétain) 정부(3월-7월) 산하 난민협의회 의장 비

서, 9월 14일 게슈타포에 의해 체포

1941년 4월 13일 팔라티네이트(Palatinate)의 노이슈타트(Neustadt)에서 가택 연
금

1942년 8월 1일 노이슈타트에서 탈출함. 11월 지하운동원이 됨

1944년 9월 모젤로 돌아와 국회의원으로 당선

1945년 모젤의 국회의원으로 당선. 재무위원회 위원(1945년 11월-1946년 5월)

1946년 모젤의 국회의원으로 재선됨. 재무위원회 위원

1947년 라마디어(Ramadier) 정부(1-11월까지)의 재무부 장관 역임

총리(1948년 11-7월까지)

1948-52년 외무부 장관

1950년 5월 9일 유럽석탄철강공동체(European Coal and Steel Community)를 제
안함

1951년 모젤의 국회의원으로 재선

1955년 유럽운동(European Movement)의 대통령(1955-1961)

1955-56년 법무부 장관

1956년 모젤의 국회의원으로 재선

1958-60년   스트라스부르(Strasbourg)에 있는 유럽의회회의의 의장(European

Parliamentary Assembly)

1962년 건강이 나빠져 공직에서 은퇴함

1963년 9월 4일 씨-샤젤르(Scy-Chazelles)에서 사망

목차

part 1

본서는 1, 2차 세계대전 이후 유럽의 재통합을 가능하게 한 역사의 가장 중요한 순간에 관한 이야기다. 특히 프랑스와 독일 간의 용서와 화해에 관한 이야기는 현재 유럽연합이 되는데 결정적인 전환점이었다. 하지만 불행하게도 이것을 아는 유럽인은 많지 않다.

유럽이라는 프로젝트는 단지 경제적이거나 기술적인 것이 아니라 영혼이 필요한 작업이라고 경고한 로베르 쉬망의 말에 사람들은 주의를 기울이지 않았다. 이러한 영적인 차원을 상실한 것이 오늘날 유럽의 많은 문제점의 근원이다. 비정한 정치 현실에서, 용서와 화해는 흔히 비현실적으로 간주된다.

본서는 그것이 가능함을 보여 준다. 지도자가 전체 시민의 복지와 공동선을 선택할 때 모든 사람은 유익을 얻는다. 이것이 한반도에 시사하는 점은 명백하다.

본서의 한국어판이 분단된 나라에 사는 여러분에게 미래에 대한 새로운 믿음, 소망 및 비전을 줄 수 있기를 바란다.

제프 파운틴(Jeff Fountain)
유럽학을 위한 쉬망 센터

본서는 원래 1950년 5월 9일에 발표된 쉬망 선언(Schuman Declaration) 60주년을 기념하기 위해 쓰였다.

이 사건은 아마 현대 유럽의 결정적인 사건이었을 것이다. 아마도 이것은 이 선언 이후 서유럽에서 일어난 변화 없이는 일어나지 않았을 철의 장막의 극적인 붕괴보다 더 결정적이었을 것이다.

쉬망의 3분 연설은 28(또는 27)개국의 5억 유럽인이 오늘날 함께 평화롭게 유럽에서 살 수 있는 토대를 마련했는데 이는 역사에 유례가 없는 사실이다. 그러나 이것은 영어권 세계 및 유럽 대부분에 잘 알려지지 않은 이야기로 남아 있다.

이 이야기의 대부분이 실행된 국가인 프랑스와 독일에서는 그 배후에 있는 가치와 비전이 종종 무시되거나 잊히고 있다. 북유럽 국가들도 회원 또는 협력국으로 참여하지만 이 유럽 운동의 뿌리를 모르고 있다. 중부 유럽 및 동유럽은, 새로운 구성원들로 가입한 이 '민족 공동체'의 복지의 근원을 종종 오해한다.

　유럽의 미래는 유럽인인 우리가 이 역사와 그것이 가르치는 가치를
다시 회복할 수 있는가에 달려 있다.

제프 파운틴(Jeff Fountain)
유럽학을 위한 쉬망 센터

로베르 쉬망 프랑스 외무부 장관이 평화와 연대를 통해 유럽 사람을 하나로 묶는 대담한 계획을 제안한 이래로 69년이 지났다. 이 계획은 오늘날 우리가 알고 있는 유럽연합(European Union: EU)으로 성장했다.

그러나 히틀러의 패배 이후 수년간 유럽을 지배한 증오와 쓴 마음, 불신과 의심, 위기와 갈등, 모반과 반란의 분위기는 대부분 잊혀졌다.

승리한 군대를 환영하려고 국기를 흔들던 군중들의 유쾌한 장면은 황폐화되고, 분열된 유럽을 재건해야 하는 도전적 현실에 직면하게 되었다. 그러나 어떻게? 어떤 기초 위에서? 누구의 가치관으로? 유럽 각 국가 간의 불가피한 전쟁의 순환 고리를 단절하기 위해 이번에 무엇을 다르게 할 수 있을까?

특히 프랑스와 독일은 중앙이라는 지리적 위치를 이용하여 국경 지대의 골짜기를 버리는 골목 고양이처럼 습관적으로 행동했으며, 이웃 유럽인을 반복해서 전면전에 이끌었다. 20세기 상반기에만 두 번이나, 유럽은 이 두 나라를 중심으로 전 지구적 대격변지가 되었다.

2차 세계대전 후 놀라울 정도로 신속하고도 지속적인 프랑스와 독일의 화해는 전후 전체 유럽 발전의 중심이 되었다. 이것은 유럽의 미래를 위한 근본 기초에 관한 공통의 가치관, 비전 및 신념을 공유한, 소수의 헌신적인 정치인 그룹의 이야기다.

정직함과 겸손함으로 널리 존경받고, '유럽의 아버지'[5]로 보편적으로 인정받는 한 중심 인물의 이야기다.

그러나 로베르 쉬망은 오늘날 영어권에서 거의 알려지지 않았거나 무시되었다. 안다고 하더라도 19세기 독일의 작곡가였던 로버트 슈만(Robert Schumann)과 종종 혼동을 일으킨다. 오늘날 로베르 쉬망을 구글에서 검색해 보면 프랑스어로 된 많은 도서가 있는 반면, 영어로 된 출판물은 드물다.

이 무지와 무관심은 현대 교육의 실패를 뜻한다. 그것은 우리가 세계화된 세상에서 필요한 큰 마음과 초국가적 비전을 갖지 못하고 편견이 있음을 보여 준다.

이것은 또한 유럽 프로젝트의 역사를 효율적인 시장에 서비스를 제공하는 세속적이고 실용적이며 기술적인 노력으로 왜곡하려는 시도가

---

5 1960년, 나중에 유럽의회(European Parliament)가 된 유럽회의(European Assembly) 첫 의장으로 2년간 연임한 후, 로베르 쉬망은 공식적인 기립박수로 '유럽의 아버지'로 인정받았다.

얼마나 성공적이었는지 보여 주는 척도이기도 하다.

유럽연합 60주년을 기념하여 이 책이 처음 쓰여진 때는 로베르 쉬망을 회상하기에 적절한 시기였다. 우리는 그가 '자유, 평등, 연대 및 평화에 기초한 사람의 공동체'로 묘사한 것을 구현하기 위해 그의 사명감에 동기를 부여한 비전, 가치 및 삶의 경험을 계속해서 재검토해야 한다.

쉬망은 이러한 가치가 기독교 시대의 첫 번째 천 년 동안 유럽에 대한 근본 토대를 마련했다고 믿었다. 무신론적인 합리주의, 국수주의적인 민족주의, 신이방적(neopagan) 파시즘이라는 비전으로 유럽을 재구성하려는 수십 년간의 시도는 유럽의 미래는 정치적·경제적 현실을 형성하기 위한 기독교적 가치 회복에 의존한다는 그의 확신을 확인시켜 주었다.

우리는 세계대전 이후 서유럽이 군대, 정치 및 노동조합 활동을 통한 공산주의의 임박한 위협에 얼마나 노출되어 있었고, 취약한지 계속 기억할 필요가 있다. 현대 유럽의 역사는 매우 다르다. 3차 세계대전이 일어날 수도 있다는 가능성도 또 하나의 두려움이었다. 동유럽에서 공산주의가 붕괴한 이후 20여 년이 지난 오늘날, 우리는 이 지배가 얼마나 실제적이고, 위협적이며, 영구적인 것처럼 보였는지 잊고 싶어 한다.

전쟁 이후, 특히 서구 유럽이 누린 평화와 번영은 단순히 히틀러의 몰락으로 인한 자연스러운 결과가 아니다. 오히려 그것은 1947년에 시작된 마샬 플랜(Marshall Plan)[6]을 통한 미국의 경제 원조와 2년 후 나토(NATO)[7]라는 범대서양 군사 협력과 같은 몇 가지 중요한 요소들의 운 좋은 결과였다. 그러나 이 두 가지는 과거의 실수를 되풀이하려는 위험한 위기에 처한 유럽 국가 사이에 불신과 쓰라림을 제거할 수 없었다.

쉬망과 기독교인 동료는 '사람의 공동체'가 양성될 수 있는 용서와 회개 및 화해라는 도덕적 분위기를 조성해야 할 필요성을 보게 되었다.

유럽연합 60주년 행사에서 최근에 제안된 유럽연합 헌법에서 하나님, 기독교 또는 기독교적 가치를 언급하는 것에 대해 프랑스가 반대하는 아이러니한 상황을 강조했다. '유럽의 아버지' 쉬망은 전 프랑스의 총리이자 외무부 장관으로 정치가이자, 비저너리(visionary)로서 '정

---

6 공식 명칭은 유럽부흥계획(the European Recovery Program: ERP)으로 2차 세계대전 이후 서유럽의 황폐화된 동맹국들을 위해 미국이 계획한 재건, 원조 계획이다. 미국의 국무부 장관 조지 마샬이 제창했기 때문에 마샬 플랜 또는 마샬 계획이라고도 불리며, 공산주의의 확산을 막는 것이 목적이었다. 전체적으로 120억 불(2016년으로 환산하면 거의 1,000억 불)에 달하는 경제 원조를 제공하였다. _역자 주

7 북대서양조약기구(The North Atlantic Treaty Organization) 또는 북대서양동맹은 국제 군사기구로 1949년 4월 4일 체결된 북대서양조약(the North Atlantic Treaty)에 의해 창설되었고 본부는 벨기에 브뤼셀에 있다. 이 기구는 회원국이 어떤 비가입국의 공격에 대응하여 상호 방어하는 것을 인정했기 때문에 집단 방어 체계로 운영되고 있다. _역자 주

신적인 진전이 물질적 진보와 함께 가도록' 해야 한다고 주장했다. 그는 미래 세대가 영적 뿌리에서 벗어나 사회를 부패시킬 유물론의 유혹에 빠지지 않을 때에만 유럽 운동은 성공할 것이라고 믿었다.[8]

그는 자신의 신앙을 주장하거나 개인화한 것이 아니라, 정치 영역에서 자신의 역할을 하나님의 부르심으로 보았다.

"우리는 우리의 이해를 초월하는 위대한 경륜을 이루기 위해 우리를 사용하시는 섭리의 매우 불완전한 도구."라고 쉬망은 말했다.

쉬망은 경쟁적인 이념으로 분리된 유럽의 재건이라는 도전에 직면하여 그러한 재건은 유럽에 깊이 뿌리내린 '기독교적 기본가치에 의해서만 가능하다는 자신의 신념을 솔직하게 표현했다.[9]

이러한 신념은 독일과 이탈리아의 동료인 콘라드 아데나워와 알시드 드 가스페리(Alcide De Gasperi)가 공유했다. 아데나워에 따르면 이 가톨릭 동료는 "기독교적 기초에 새로운 유럽을 건설하고자 하는 열망으로 가득 차 있다."고 말했다.[10] 아데나워는 이 일이 "노력해야 할 가치가 있는 정치적·경제적 목표일 뿐만 아니라 진정한 기독교적 의무라고 믿었다."[11]

---

8 1956년 3월 12일 국제 가톨릭 기관들의 연합 모임에서 한 연설

9 5페이지에 인용한 글 참고.

10 1951년 8월 23일 아데나워가 쉬망에게 보낸 편지. 알시드 드 가스페리는 당시 이탈리아 총리였다.

11 Lean, *1985*, p. 380.

이러한 발기인들의 신념에도 헌법에 관한 협약의 의장인 발레리 지스카르 데스탱(Valéry Giscard d' Estaing)[12]은 '양심의 자유를 침해할' 가능성 때문에 하나님과 기독교에 대한 어떤 언급도 거부했다.

하나님의 말씀을 기초로 양심의 자유라는 위대한 유럽의 원칙을 설립한 사람은 루터(나는 여기 서 있다. 나는 달리 할 수 없다)라는 면에서[13] 이것은 이중적인 아이러니다.

그러나 '기독교적 기반에서 재건'이라는 이 이야기에 대해 무지하고 무관심하도록 한 것은 세속적이며 실용적인 목소리뿐만은 아니다. 내 자신을 포함한 복음전도자들도 오랫동안 '유럽 프로젝트'에 대한 무관심, 의심 및 철저한 적대감을 보여 주었다.

따라서 이 기념일은 다시금 우리에게 '유럽'에 대한 복음주의적 응답이 필요한 이유를 반성하고 그러한 태도가 진정 성경에 근거한 것인지 돌아보게 한다.

---

12 발레리 마리 르네 지스카르 데스탱(Valéry Marie René Giscard d'Estaing: 1926–)은 1974–1981년까지 23대 프랑스의 대통령을 지낸 중도 우파 정치인이다. 재임 중 유럽경제공동체(EEC)를 강화하여 뒤에 유럽연합(EU)으로 발전하게 하는 초석을 닦았으며, 서방 7개국 정상회담(G7) 창설에도 주도적 역할을 했다. _역자 주
13 관련 조항의 마지막 문구는 다음과 같다.
  "인간의 불가침적이고 양도할 수 없는 권리, 자유, 민주주의, 평등 그리고 법치의 보편적 가치를 발전시킨 유럽의 문화적, 종교적, 인본주의적 유산으로부터 영감을 받은 것이다."

세계의 반대편에 있는 침례교회에서 자란 필자도 그런 태도로부터 자유롭지 못했다. 성경의 예언에 대한 설명은 의심의 여지없이 유럽 공동체의 형태로 열 개의 머리가 달린 짐승이 출현하여 로마제국이 부활할 것이 기록된 요한계시록에 대해 의심하지 않았다. 처음에는 6개국의 회원이었으나 9개국이 된 후 마지막으로 10번째 회원국이 가입하여 마침내 그림을 완성했다! 하지만 불행하게도 이 시나리오에서 10개는 12개, 15개 그리고 25개, 28개가 되었다(브렉시트에도 여전히 많은 국가가 대기실에 있다.).

가톨릭 신자가 시작한 것에 대한 개신교도들의 의심에 대해서도 북쪽으로 갈수록 '유럽'에 대한 무지와 무관심이 생겨났다. 근거 있는 역사적인 이유 때문이라고 우리는 들었다. 네덜란드, 스코틀랜드, 잉글랜드, 스위스, 독일 및 북유럽 국가는 값비싼 대가를 치르고 얻은 정치적, 종교적 자유를 '로마의 창녀(whore of Rome)'가 사용하는 최신의 매혹적인 전략에 쉽게 넘어가 포기해서는 안 된다고 주장했다.

개신교와 가톨릭은 여전히 특정 사안들에 대해 동의하지 않는다는 데 동의하지만 포용과 협력의 분위기는 최근 몇 년간 증가하여 심지어 어떤 이들은 "종교개혁이 끝났는가?"라고 물어보기까지 한다.[14] 교황 베네딕트 16세(Benedict XVI)는 성 베드로 광장에 모인 대중에게 매주 행하는 연설을 통해 루터가 **오직 믿음으로** 의롭게 된다고 말한 것은 옳

---

14 Noll & Nystrom, 2005

다고 선언했다.[15] 이것은 새로운 선언이 아니었지만, 1999년 10월 31일 아우크스부르크(Augsburg)에서 루터교회와 가톨릭 지도자들 간에 칭의 교리에 관한 합의적 동의였다.[16] 교황 베네딕트 16세는 당시 라칭어(Ratzinger) 추기경으로서 이 합의에 결정적 역할을 했다.

점차 세속화되는 유럽에서 많은 개신교도와 가톨릭 교도는 그들의 공통점이 차이점들보다 더 크다는 것을 인식하게 되었다. 그리스도인의 일치를 증진하기 위한 교황청위원회의 명예 회장인 월터 카스퍼(Walter Kasper) 추기경은 하나님의 말씀이 개신교와 가톨릭을 분열시켰지만 하나님의 말씀은 이제 이들을 연합시켜야 한다고 선언했다.

이러한 두 진영의 독일 기독교인은 나치정권에 의한 공동의 박해와 저항을 통해 전쟁 중에 이러한 자각에 이르게 되었다. 이것은 기독교 민주주의 운동이 전후 재건의 핵심 요인으로 등장할 수 있게 했다.

하지만 다른 개신교인들은 여전히 '브뤼셀'로 대표되는 '유럽'은 '보충성(subsidiarity)'[17]에 대한 립 서비스에도 권력 집중화를 연습하는 유감스러운 운동이라고 반대한다. 액튼(Acton) 경[18]의 유명한 경고처럼 모든 권력은 부패하고 절대 권력은 절대적으로 부패한다. 따라서 권력

---

15 2008년 11월 19일; 또한 Benedict XVI, *St Paul*, 2009 p. 78 참조.

16 *Joint Declaration on the Doctrine of Justification*(*JDDJ*), 2000 참조.

17 **보충성**: 의사결정을 가장 낮은 적절한 수준으로 밀어내는 원칙.

18 존 달버그 액턴 제1대 액턴 남작(John Emerich Edward Dalberg-Acton, 1st Baron Acton: 1834 – 1902)은 영국의 가톨릭 정치인, 역사가이다.

이 주로 지방 차원에서 행사되는 많은 개신 교회 정치 형태처럼 분권화가 해답이라고 본다.

그러나 정치가들과 비즈니스 리더가 끊임없이 유럽의 미래를 만들어 가는 시대에, 많은 국가의 언론과 스포츠 관계자가 협력하여 챔피언스리그를 각 가정의 거실에 전달할 때, 마피아와 테러리스트가 국경을 넘어 효과적으로 협력하고 있을 때, 복음전도자는 모두 종종 '작은 가게 주인(small-shopkeeper)' 의식만으로 주역이 되지 못했다.

지방 분권은 다양성을 위한 해법이다. 그러나 더 광범위한 연대와 다양성이 있는 일치에 대한 합법적인 필요가 있다.

그러나 유럽 전역에 걸쳐 비성경적 가치를 증진시키는 일부 유럽연합 기관의 지침에 나오는 세속적이고 무신론적인 인본주의와 다른 '사상'의 영향은 어떤가?

로베르 쉬망 이야기가 현재 유럽연합의 모습을 모두 정당화하는 것은 아니다. 반대로 우리는 다음과 같은 질문을 제기하고 있다. **유럽 프로젝트의 창립 비전과 가치에 무슨 일이 일어났는가? 누가 유럽을 납치했는가? 그리고 유럽이 납치되도록 한 사람은 누구인가?**

때때로 염려하는 크리스천들은 내게 유럽이 짐승이 될 것으로 믿지는 않는지 질문한다. 필자는 '세상에서 빛과 소금이 되어야 할 사명을 받은 그리스도인이 자신의 교회 서클에서만 활발히 활동하고 이러한 이슈에 단절된 상태로 남아 있다면 **분명히 그렇다.**'고 대답한다. 유럽이 탐욕스럽고 경건하지 않으며 이기적인 짐승이 된다면 그것은 하나님이 그 일을 예정했거나 의도한 것이 아니라, 그의 백성이 불순종하고 비효과적으로 주변에만 있었기 때문이다. 그러한 예측은 스스로 실현 가능한 예언이 될 수 있다.

그렇다면 이 뉴질랜드인[19]이 어떻게 이 유럽의 이야기에 열중하게 되었는가? 1975년 필자는 네덜란드에 와서 네덜란드 여성인 롬켜(Romkje)와 만나 결혼했다. 그녀는 네덜란드에서 국제선교단체인 YOUTH WITH A MISSION 사역을 시작했다. 필자는 네덜란드 YWAM과 함께 일하면서 아내의 고향에 정착했으며 마침내 네덜란드, 즉 유럽 시민권을 부여 받았다.

1989년에 필자는 유럽 전역의 YWAM 지도자로 임명되었다. 그 해 베를린 장벽이 극적으로 붕괴되는 역사적인 사건이 일어나면서 유럽의 영적 지형은 지각 변동을 겪었다.

필자는 다른 기독 청소년 운동 지도자들과 만나 이러한 변화의 엄청난 함의에 대해 깊이 생각하도록 초청받았다. 1930-40년대의 불확실한 시기에 우리를 인도했던 성숙한 복음주의 '아버지들과 어머니들'을 살펴보았다. 솔직히 우리는 유럽 전체에 관심을 가진 사람이 거의 없음을 발견했다. 지도력은 지역 교회 문제에 더욱 관심을 갖는 것처럼 보였다. '브뤼셀'과 유럽공동체 프로젝트에 관심이 있는 사람은 거

---

19 필자를 의미함. _역자 주

의 없었다. 어떤 사람은 심지어 '유럽'을 짐승이 될 운명에 처한 것으로 생각했기 때문에 무시했고 따라서 우리의 관심 밖이었다.

나중에 필자는 가령 바실 흄(Basil Hume) 추기경과 같은 가톨릭 주교들로부터 주류 교회 지도자의 통찰력 있는 보고서와 연설을 발견했다.[20]

그 사이에 필자는 자신을 배우기 위해 브뤼셀에 가야 한다고 결심했다. 그래서 1991년에 필자는 유럽위원회(European Commission)의 건물인 별 모양의 벨라이몽(Berlaymont) 밖에서 YWAM 리더십 팀을 만났다. 우리 중 일부는 이 '벨라이짐승(Berlaymonster)'의 어딘가에 모든 유럽인들에 관한 정보를 모으는 빅브라더(Big-Brother) 컴퓨터가 있다고 주장하는 종말론적 예언자들의 주장에 대해 궁금해하고 있었다. 당연히 우리는 건물에 들어서자 보안 요원에게 여권을 제시했다.

유럽위원회 공무원이 따뜻한 악수와 함께 "형제님들, 우리 기도로 시작할까요?"라는 친근한 말로 인사했을 때 우리가 얼마나 놀랐을지 상상해 보라.

우리를 안내한 이몬 오루에르크(Eamonn O'Rouairc)라고 하는 아일랜드인은 이 건물에서 근무하는 직원의 기도 네트워크를 이끌고 있다고 설명했다. 컴퓨터에 관해 묻자, 그는 웃으며 말했다.

"사람이 우리가 컴퓨터에 대해 얼마나 무식한지 알고 있다면 (그렇게

---

20 Hume, 1994

말하지 않을 것입니다)!"

그는 전쟁 후 유럽을 재건하는 어려운 일에 직면하면서 끊임없이 전쟁하던 국가를 화해시킬 필요성을 알게 된 소수의 독실한 기독 정치인들에 관한 흥미진진한 이야기를 시작했다. 또한 그는 배후에서 이 사람들 사이에 신뢰를 구축하는 데 핵심적인 역할을 했던 한 루터 교회 전도자의 역할을 강조했다.

이것은 이전에 들었던 어떤 것보다 유럽연합의 배경이 된 기원과 동기에 대해 너무나 다른 이해였다!

이것은 다음 장에서 밝혀질 이야기인데 영어를 사용하는 세계에서는 특히 잊혀지고, 무시되거나 또는 단지 전달되지 않은 이야기다.

우리는 짧은 기억으로 고통받는다.

짧은 기억은 근시안을 낳는다.

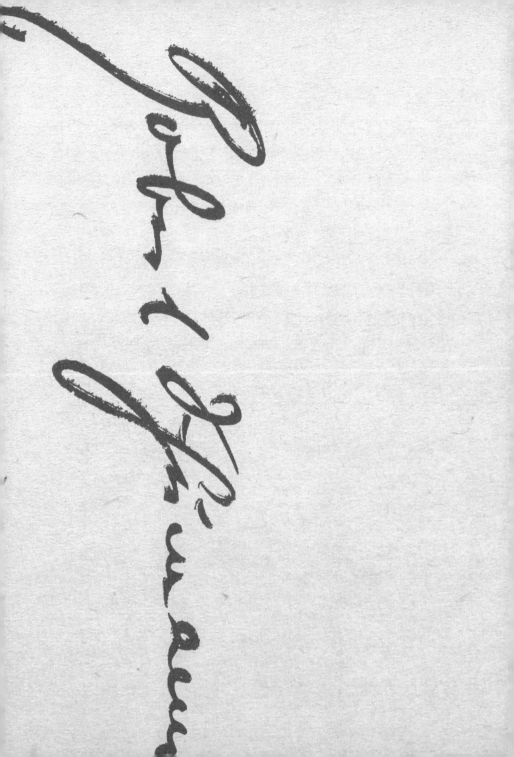

part 1

1. 전쟁을
불가능하게
만들기

로베르 쉬망이 2등석에 앉자 마지막 승객도 동부역(Gare de l' Est)에서 파리-메츠(Paris-Metz) 열차에 탑승하고 있었다. 그는 로렌에 있는 모젤의 정치 선거구에서 와인 생산지인 메츠 외곽의 씨-샤젤르에 있는 사랑스러운 시골집에서 조용한 주말을 보내려고 했다.

1950년 4월 마지막 토요일 아침, 역사상 가장 잔인한 전쟁이 끝난 지 5년이 지났다. 그러나 적대 행위의 중단이 국가적인 '평화'를 가져오지는 못했다. 프랑스 정부는 전후 몇 년 동안 격동의 시기를 보내면서 1년도 지속되지 못했다.

그러나 쉬망의 정직성과 성실성에 대한 명성뿐만 아니라 그의 법적, 정치적 날카로움은 그를 국가를 대표하는 정치적 최고책임자의 위치로 승격시켰다. 1946년에 그는 재무부 장관으로 임명되고 국민의 지지를 힘입어 전후 경제를 안정시키는 데 필요한 과감한 조치를 취할 수 있었다.

이듬해 후반에 쉬망은 내전으로 치달을 것 같은 상황에서 새로운 정부를 이끌도록 대통령으로부터 요청 받았다. 공산주의 동요자들은 모스크바의 명령에 따라 파업과 태만, 군수공장 공격, 철도, 광산 및 발전소를 마비시켜 프랑스를 정지시키는 데 성공했다.

쉬망은 총리가 된지 일주일 만에 모든 태업을 진압하기 위해 8만 명의 예비군을 소집했다. 이 법안에 대한 공산당의 분노는 모든 면에서 폭발했으나, 쉬망은 타협하지 않았다. 프랑스 의회 내에서 공산당원들은 그를 나치의 연인으로 비난하면서 언어적 폭력을 행사했다.

이 중요한 시기에 열기 속에서 한때 그는 감정이 폭발했다. 그러자 그는 자신의 얼굴을 손으로 가리고, 회의를 계속하기 전에 지혜와 결심을 위해 조용히 기도했다.

결국 중앙파업위원회는 후퇴하고 일터로 복귀하도록 조치했다. 위기가 지나갔다.

하지만 유럽에서 스탈린의 평화적이지 못한 의도는 소련 군대가 폴란드, 다음에는 헝가리 그리고 루마니아, 불가리아, 및 체코슬로바키아를 무자비하게 점령함으로 분명해졌다.

1949년, 서방 연합군은 서방 지역의 도로 및 철도 접근을 차단함으로써 베를린의 목을 조이려는 소련의 시도를 차단할 수 있었다. 연합군은 매일 4천 톤의 물자를 날라야 하는 24시간의 공수작전에 응답했으며, 총 20만 번의 비행이 거의 1년간 지속되었다.

이 전후 5년은 전혀 평화롭지 않았다. 씨-샤젤르에서의 주말 휴식은 쉬망에게 전쟁이 끝나고 영적, 정신적으로 필수적인 휴식을 취할수 있게 해 주었다. 이 특별한 주말에 외무부 장관으로서, 2주도 채 남지 않은 미국 및 영국 파트너와 함께할 중요한 회의를 준비할 계획을 갖고 있었다. 미국 국무부 장관은 그에게 독일에 대한 긍정적인 정책을 제안할 것과 자유로운 국가 공동체로 통합하도록 경고했다. 그렇지 않았다면, 프랑스인은 루르(Ruhr) 산업 지역의 미래에 대해 더 이상말할 수 없었을 것이다.

쉬망은 계획이 필요했다. 유럽을 재편할 대담한 계획이었고, 앞으로는 전쟁에 대해 불가능하지는 않지만 전쟁하는 것을 매우 어렵게 만드는 계획이었다. 이것은 지난 9월 뉴욕에서의 마지막 모임 이후로 더욱 깊이 생각하게 되었다.

기차가 떠나기 직전에 누군가 복도를 걸어오는 소리가 그의 생각을방해했다. 문이 열리고 그의 비서인 버나드 끌라삐에(Bernard Clappier)의머리와 어깨가 커튼 뒤로 나타났다.

"장관님, 모네(Monnet)에게서 온 이 초안을 꼭 읽어 보세요. 매우 중요한 안건입니다!"

끌라뻬에는 놀란 상사에게 문서를 밀어 넣은 후, 나타난 속도처럼 빨리 사라졌다.

몇 분 후 파리에서 기차가 서서히 출발하면서 호기심 많은 쉬망은 비서가 긴급하게 전달한 것을 보기 위해 문서의 첫 페이지를 훑어 보았다.

쟝 모네(Jean Monnet)[21]는 쉬망에게 낯선 사람이 아니었다. 국제주의 자인 그는 가족의 코냑 사업으로 스위스와 스웨덴 사람, 영국과 미국 인 그리고 심지어 러시아인과 중국인까지 폭넓게 교류했다. 일설에 의하면 그는 1912년 타이타닉의 처녀 항해에 표를 예약하려 했으나 실패했는 데 그것이 오히려 그의 생명을 살렸다고 한다.

1940년 프랑스가 독일에 점령당한 후, 처칠은 영국 여권으로 모네 를 워싱턴에 보내, 미국에게 전쟁 물자를 제공하도록 설득하려고 했 는데, 미국은 당시 중립국이었기에 오히려 독일인을 도와주고 있었 다. 경제학자 존 메이너드 케인즈(John Maynard Keynes)[22]에 따르면 그의

---

21 쟝 모네(Jean Omer Marie Gabriel Monnet: 1888-1979)는 프랑스의 경제학자이자 외 교관이다. 1, 2차 세계대전 후 프랑스 재건을 위해 막후에서 중요한 역할을 수행했 다. 대서양 연안 국가의 주요 정, 재계 인물과 친분이 두터웠던 그는 샤를 드 골의 민 족주의적 경향에 맞서 세계주의자로서의 역할을 자처했다. 쉬망과 함께 유럽연합을 건설한 공로로 '유럽의 아버지'로 불린다. _역자 주
22 존 메이너드 케인즈(John Maynard Keynes: 1883-1946)는 영국의 대표적인 경제학자 이다. 경기후퇴와 불황에 대해서 재정정책을 사용할 것을 강력하게 주장하였다. 현대 거시경제학의 창시자들 중 한 명으로 그의 이론들은 다른 거시경제학파들에도 큰 영 향을 미쳤으며 20세기에서 가장 큰 영향을 미친 경제학자로 인정받고 있다.

노력은 전쟁을 1년이나 단축시켰다.

3년 전 모네와 쉬망은 재무계획 수립 과정에서 서로 존경하게 되었다. 어느 무더운 날, 그들은 심지어 재킷을 벗고 매우 비형식적인 모습으로 대화에 몰입했다.

그들은 평화를 평등에 기초하여 구축할 필요가 있다는 생각을 함께 가지고 있었다. 1차 세계대전 이후의 평화를 위한 노력은 독일인에 대한 차별과 우월감 때문에 실패했다고 그들은 동의했다.

쉬망과 마찬가지로 모네도 새로운 정치체제가 이제 두 번이나 실패하여 결국 세계대전이 일어난 나라 사이에서 옛 힘의 균형을 대체해야만 한다고 믿었다. 국제연맹 사무총장으로서 그는 단순한 정부 간의 협력이 실패함을 직접 목격했다. 국제 정치의 현실 세계에서는 더 강력한 조치가 필요했다.

모네는 쉬망이 비전통적 아이디어의 구현을 통해 필요할 경우 큰 변화를 유발할 도덕적 지위, 정치적 권위 그리고 용기를 가졌음을 알고 있었다.[23] 쉬망의 비서관인 끌라삐에와 외무부에서 쉬망의 법률고문인 폴 로이터(Paul Reuter)는 국제연맹, 헤이그 의회 및 전쟁 후에 바로 드 골에 의해 설치된 계획위원회의 의장이었던 모네와 쉬망의 생각을

_역자 주

23 Richard Mayne, *Schuman, De Gasperi, Spaak–The European Frontiersmen*, Bond, Smith & Wallace, 1996, p. 26.

심도 있게 논의했다. 당시 제안한 것은 드 골의 독일 석탄 및 철강산업 해체 정책에 따른 것으로 프랑스와 독일 간의 긴장을 해소하기보다 오히려 증가시켰다. 적어도 이 방법은 해결책이 아님을 알고 있었다.

종종 쉬망 플랜의 진정한 건축가로 묘사된 모네는 벨기에, 룩셈부르크, 알자스-로렌, 자르(Saar) 및 루르 지역의 일부를 포함하여 프랑스 동부와 독일 사이에 로타링기아(Lotharingia)라고 불리는 완충 국가를 설치할 생각을 1950년 4월까지도 가지고 있었다.[24]

로렌 지역 출신인 로이터는 모네에게 이 계획은 해당 거주자에게 실현 불가능하고 부자연스러운 것이라고 설득했다. 모네는 자신의 회고록에서 이 단계에서 그의 아이디어가 없어졌다고 고백하면서 로이터에 계획 초안 작성을 도와줄 것을 요청했다.[25]

로이터는 경제 통합을 달성하는 방법에 대한 모네의 실용적이고 기술적인 제안과 함께 쉬망의 원칙과 개념을 통합한 계획의 첫 번째 초안 작성에 착수했다. 끌라뻬에는 쉬망이 5월 10일 런던에서 열리는 삼자(Big Three)회의에서 발표할, 대담하고 실행 가능한 이니셔티브(initiati-

---

24 Krijtenburg, p. xx.

25 Jean Monnet, *Memoirs*, p. 342; Price, David Heilbron: *Schuman or Monnet?'* p. 8,9, Krijtenburg, p. 158에서 인용. 최근의 연구는 스테프의 지원을 받은 쉬망이 그 선언의 진정한 설계자라는 증거를 더 많이 보여 주었다. 2007년에 개관한 씨-샤젤르의 로베르 쉬망 하우스(Maison de Robert Schuman)에 보관되어 있는 기록문서보관실은 그의 연설 및 저술을 보유하고 있다.

va)가 필요하다는 것을 알고 있었다. 끌라뻬에는 로이터, 모네 및 다른 직원들과 함께 브레인스토밍에 기여했다.

그 날짜보다 2주 전에 끌라뻬에는 시간이 부족하다고 느꼈다. 4월의 마지막 주말, 끌라뻬에 모네의 사무실에 들러 진행상황을 확인했다. 모네는 최신 초안을 보여 주었다. 끌라뻬에는 속히 초안을 스캔했다. 그러고 나서 쉬망이 토요일 아침에 메츠행 열차에 탑승할 예정임을 깨닫고, 그 문서를 들고 동부역까지 다른 승객들에게 결례를 무릅쓰고 달려온 것이다.

기차가 그를 동쪽으로 데려갈 때, 쉬망은 문서를 정독하기 시작했다. 모네와 그의 팀은 쉬망의 주요 원칙과 생각을 실행 가능한 계획으로 전환한 것처럼 보였다! 그것은 대담하고 전례가 없었다. 이 협약은 국가 간의 양방향 및 다자간 조약이라는 친숙한 전통을 깨뜨렸다. 그는 주말에 집에서 좀 더 깊이 보겠지만, 언뜻 보기에도 그가 삼자회의에 가져갈 수 있는 계획처럼 보였다.

메츠 역에는 관용 차량이 그를 기다리고 있었을 것이다. 하지만 그는 보안요원에 대해 스트레스를 받아, 그 차보다는 도시 외곽으로 가는 버스를 타고 몽 셍 껭땅(Mont Saint Quentin)의 완만한 경사면에 있는 씨-샤젤르로 갔다.

평소처럼 그의 가정부는 쉬망을 맞이하고 그를 위해 요리할 것이다. 작고 푸근한 여성인 '작은 마리(la petit Marie)' 켈레(Kelle)는 벽으로 둘러싸인 정원이 있는 단순하고 평범한 2층집을 관리하고 있었다. 이러한 방식은 쉬망이 단순하고 사제 같은 삶을 살았던 42년 동안 계속되었다.

또한 그를 기다리는 것은 8천 권을 소장하고 있는 도서관이었다. 이것은 기쁨과 영감의 원천으로, 찰스 5세 이후 모든 프랑스 왕들의 서명이 있는 희귀 사본을 소장하고 있다. 도서관, 그의 연구, 정원 및 견고한 셍 껑땅(Saint Quentin) 교회가 도로 건너편에 있어 그의 정치생활의 소용돌이 가운데서도 조용한 반성을 하기 위한 최적의 장소였다.[26]

사랑스러운 정원에서 걸으며, 쉬망은 외무부 장관직을 역임한 지난 2년을 회고하며 1948년 5월에 헤이그에서 개최된 유럽평의회(Council of Europe)를 회상했다. 그는 유럽평의회를 창설하여 인권, 법치주의 및 민주주의의 발전을 강조한 것에 만족할 수 있었다. 다음 해 스트라스부르에 유럽평의회가 공식적으로 창설될 것을 제안했다.

그러나 유럽평의회는 국수주의에 시달렸다. 이것은 평등과 연대를 기반으로 한 지속적인 평화를 가져오는 정치적 해결책이 아니었다.

쉬망은 불과 몇 달 전 프랑스 외무부 장관으로 독일을 처음으로 공식 방문했으나 여러 어려움에 직면했다. 적대적인 언론이 마인츠, 본, 베를린에서 그를 공격했다. 그들에게 쉬망은 프랑스의 국경 바로 너머에 있는 자르, 석탄 및 철강 지역을 프랑스에 합병하려는 구체적인 위험으로 보였다. 대부분의 프랑스인에게 전후 독일은 여전히 정치

---

[26] 이 로베르 쉬망 하우스는 현재 유럽연합이 지원하는 박물관 및 기념관이 되었다.

적, 경제적으로 위협적인 존재였다. 그들은 자르에 대해 도덕적 요구를 할 수 있다고 느꼈다.

그는 독일 총리인 콘라드 아데나워가 자신이 신뢰할 수 있는 선하고 독실한 사람이라고 믿고 싶었다. 그러나 자르 문제는 그들의 관계에도 긴장감을 가져왔다. 지난 3월 아데나워는 영국과 이탈리아 그리고 베네룩스 국가에 개방된 프랑스와 독일 간의 정치적 연합에 대한 아이디어를 제안했다. 이것은 새로운 것이 아니었다. 아데나워 총리는 1920년대부터 이러한 생각을 가지고 있었다. 그러나 프랑스와 독일의 분위기는 그런 계획에 호의적이지는 않았다.

하지만 모네의 초안은, 실현 가능한 실용성이 있을 것 같았다.

5월 1일 월요일 아침, 기차가 동부역으로 들어오자, 끌라삐에는 걱정스럽게 그의 상사를 기다리며 플랫폼에 서 있었다. 쉬망은 객차에서 내려, 차장에게 인사한 후, 더 이상 아무런 말도 없이 기다리는 차 쪽으로 걸어갔다. 쿼이 도르세이(Quay d'Orsay)로 향하는 차 안에서 끌라삐에는 호기심으로 말을 꺼냈으나 쉬망은 날씨에 대해서만 말하려 했다.

마지막으로 끌라삐에는 단도직입적으로 질문했다.

"장관님, 지난 금요일에 제가 드린 문서에 대해서는 어떻게 생각하십니까?"

"그 제안을 읽었네. 그리고 그것을 사용할 것이네."

쉬망은 의도적으로 신중하게 말했다.

끌라삐에는 며칠 동안 계획과 준비, 초안 및 수정안 작성의 소용돌이가 될 것임을 즉시 알았다. 그 또한 기밀 유지가 성공에 결정적인 요인임을 알았다. 계획을 저지하려는 어떤 시도도 피하려면 올바른 사람들만 알아야 한다.[27]

쉬망과 모네는 회의적인 총리와 유럽에 대한 그들의 신념으로 유명한 다른 두 장관에게 이 사실을 알렸다.[28] 프랑스 내각회의는 런던에서 열릴 삼자회의 전날인 5월 9일로 잡혔다.

5월 8일 월요일, 쉬망은 신뢰할 수 있는 공무원인 로베르 미슐리히(Robert Mischlich)에게 비밀 계획을 요약한 서신을 '아데나워에게 전달'하기 위해 '까다로운 비밀 작전'을 수행하도록 지시했다.

다음날 프랑스 내각이 의제를 끝내고 있었다. 쉬망은 회의에서 자신의 제안에 대해 침묵을 지켰으며 본에서 회신이 오기를 기다리고 있었다. 마침내 끌라삐에는 미슐리히가 아데나워의 열렬한 반응을 전달했다는 메모를 전해 주었다.

이 프랑스의 제안은 모든 면에서 역사적인 것이다. 그것은 내 조국의 존

---

27 이 사건에 대한 상충되는 설명이 존재한다. 위의 내용은 1972년 케이저링크(Keyser-lingk)에 기초한다.
28 비도(Bidault)는 이 계획을 '하나의 비누 거품, 또 하나의 국제 기구'라고 불렀다.

엄성을 회복시키며 유럽을 연합하는 초석이다.

이 정보를 받은 외무부 장관은 긴급히 새 의제를 제안했다. 그리고 그는 이 계획과 본의 동의보고서를 공개했다. 두 장관은 즉시 지지를 표명했다. 이 대담한 계획에 대해 준비되지 못한 다른 이들에게는 더 설득이 필요했다. 마지 못해, 일부 개인적인 보류에도 내각은 그날 저녁 6시에 외무부가 있는 퀘이 도르세이에서 열리는 기자회견에서 이 제안서를 제시하기로 동의했다.

준비된 문서는 이탈리아, 네덜란드, 벨기에, 룩셈부르크, 영국 및 미국 대사들에게 급히 전달되었다. 초대장은 200명의 언론인에게 보내졌다.

그러나 그날 저녁 6시, 갑작스러운 통보에 올 수 있었던 언론인은 파리의 소수 저널리스트들로서 높은 천장, 샹들리에, 장대한 살롱 도르로쥬(Salon d'Horloge)의 금으로 그려진 바로크 장식 아래 정부 관료, 정치인 그리고 외교관과 합류할 수 있었다.

쉬망은 자기 옆에 앉은 모네와 함께 거대한 벽로 선반 앞에 서서 참석자들에게 착석을 요구했다. 참석자들은 급히 들어왔고 그는 무거운 뿔테 안경을 쓰고는 문서를 읽기 시작했다.

그는 세계 평화란 위협과 동등한 규모의 창의적인 노력을 필요로 한다고 언급했다. 과거 유럽을 연합하려던 프랑스의 노력은 실패했고, 전쟁이 일어났다. 이제 그런 통일된 유럽은 결코 다시 시도되지 않을 것이다. 프랑스와 독일 간 연대를 구축하고 해묵은 적대감을 제거하는 조치가 필요했다.

따라서 그는 자신의 정부가 한 가지 결정적인 문제에 대해 특별하고 구체적인 조치를 제안할 것이라고 말했다. 즉 프랑스와 독일의 석탄 및 철강 생산은 각국 정부의 권위를 초월하는 공통적인 고등기관의 감독 하에서 진행되고 다른 유럽 국가도 이에 참여할 수 있다는 것이다.

이것은 경제 발전을 위한 공통기반을 조성하고 역사적으로 전쟁 탄약 생산에 몰두해 온 동시에 가장 지속적으로 많은 희생자를 낸 지역의 운명을 바꿀 것이다. 여기서 쉬망은 자르 및 루르 산업 지역을 주로 언급했다.

이러한 생산 연대는 프랑스와 독일 간의 전쟁을 상상도 할 수 없을 뿐만 아니라 물리적으로 불가능하게 만들 것이다.

쉬망은 그 앞의 탁자 위에 준비된 성명서를 읽은 후 그의 모든 단어 하나하나에 집중하며 기대하는 얼굴을 보았다. 이 제안서의 담대함과 광범위한 결과에 모두 놀라지 않을 수 없었다. 모든 사람은 외무부 장관의 연설이 계속되기를 기다렸으며 들리는 소리는, 바로 그의 앞에 앉아 있던 속기사의 소리뿐으로 그녀는 커다란 기계식 타자기에 그의 모든 말을 포착하고 있었다.

그는 다시 읽기 시작했다. 생산의 일치는 경제 통합을 원하는 모든 국가에게 진정한 토대를 마련할 것이다. 그것은 생활수준을 높이고 평화로운 성취를 촉진하는 데 기여할 것이다. 그러면 유럽은 아프리카 대륙의 발전이라는 필수적인 임무 중 하나에 집중할 수 있을 것이다.

공통된 경제체제는 그러한 협력으로부터 나타나 종종 서로 반대되는 국가 간의 더 깊은 공동체적 유대관계로 이어질 것이다.

프랑스, 독일 및 기타 회원국을 묶는 초국가적 연합체의 설립은 지속적인 평화를 위해 필요한 유럽연합으로 이어질 것이라고 그는 결론지었다.[29]

기자들이 뉴스룸으로 달려나가기 전에, 그가 가졌던 순간적인 침묵은 막 제안되었던 계획이 얼마나 거대한지를 암시했다.

이것은 중대한 뉴스였다. 달걀을 삶는데 걸리는 시간인 3분도 채 되지 않아 모젤 출신의 장관은 유럽의 가능한 새로운 미래를 설명했다. 그것은 프랑스와 독일 그리고 다른 참가국 간의 협력, 상호 존중 그리고 협력이라는 새로운 관계를 선언했다. 가장 주목할 것은, 패배한 국가를 완전하고 평등한 파트너로 받아들임으로써, 미래의 시야를 재정의한 것이다.

며칠 동안 세계 언론은 헤드라인, 사설 그리고 정치적 만화를 통해 이 계획의 천재성과 관대함을 칭찬했다. 「데일리 헤럴드(*Daily Herald*)」는 '**프랑스가 국가를 깜짝 놀라게 한다**(*France takes the nations by surprise*).'고 썼

---

29 전체 텍스트는 부록 I 참조.

다. 독일의 「보너 룬드샤우(Bonner Rundschau)」는 '프랑스에서 온 놀라운 소식(Eine Sensation aus Frankreich)'이라고 헤드라인을 장식했다. 「르 몽드(Le Monde)」는 1면 페이지의 대부분을 이른바 '혁명적 제안(une proposition révolutionnaire)'이라고 부르는 것에 할애했다.

그러나 공산주의 신문인 「루마니떼(L'Humanité)」는 이 제안을 연합 전쟁 기계를 재건하기 위한 첫 단계로 소련에 대한 위협으로 보았다.

스위스 신문인 「지 운트 에어(Sie und Er)」는 그 제안의 배후에 있는 사람을 다음과 같이 묘사했다.

> 진지하고, 날씬하며, 대머리이고, 환상이 없으며, 심각하지만 유머감각이 없고, 청렴, 근면하고, 신앙심이 깊으며, 조용한 인물로 프랑스 공화국 정치가의 이미지에 잘 맞지 않는다. 그는 프랑스어도 잘 하지 못한다. 그의 모국어는 독일어인데, 대부분의 동료와는 달리 그는 음악에 전혀 관심이 없다. 독신인 쉬망은 자신이 여성들로부터 위협받고 있다는 것을 공공연히 인정한다. 제3공화국에서는 그를 상상도 못했을 것이다. 그가 오늘날 이렇게 중요한 역할을 하고 있다는 것은 프랑스가 겪었던 변화가 얼마나 프랑스를 근본적으로 겸손하게 만들었는지를 보여 주는 징후이다.

기사는 계속되었다.

쉬망은 제3 공화국의 많은 장관처럼 부패하지 않았고, 드 골처럼 달변이거나 거만하시도 않고, 비노의 눈부심과 재치를 공유하지도 않는다. 그는 직설적이고 정직하다. 그 이상도 그 이하도 아니다. 속임수와 애정을 피하는 정치가는 흔치 않은데 그러면서도 그는 호감을 주는 정치인이며, 프랑스 정계에서만 그런 것은 아니다.[30]

쉬망 플랜이 제안한 유럽연합석탄철강공동체(ECSC)가 거의 1년이 지난 1951년 4월 15일 파리조약을 통해 마침내 법적 현실이 되었다.

이탈리아, 벨기에, 룩셈부르크, 네덜란드를 포함한 참가국과는 여전히 많은 세부 사항을 협상해야만 했다. 이 작업은 쉬망의 먼 거리에서 감독하던 모네에 의해 주로 이루어졌다. 이것은 법이 지배하는 초국가적 실체를 만들기 위해 자발적으로 각국의 주권을 서로 종속시키는, 세계 역사상 첫 번째 예였다.

미지의 영역으로 직진하여 탐구하는 것과는 거리가 멀지만, 쉬망과 아데나워 그리고 그들의 이탈리아 동료인 알시드 드 가스페리 총리의 유럽에 대한 공통적인 신념과 비전에 의해 타협은 매우 쉽게 이루어졌다. 그들은 새로운 유럽이 기독교적 기초 위에 재건축되어야 하고, ECSC가 그 비전을 향한 첫 발걸음이라는 공동의 신념은 이 세 정치가들이 파리조약에 서명하기 전 라인 강 옆에 있던 베네딕트 수도원에

---

30 www.ena.lu

서 열린 기도회 모임에서 반영되었다.

장 모네는 오늘날 유럽위원회의 첫 번째 수반이 되었다. 이것은 쉬망이 새로운 유럽을 위해 꿈꾼 네 개의 기둥 중 하나였으며, 나머지는 장관위원회(Council of Ministers), 유럽협의회(the Common Assembly, 현재 유럽의회) 그리고 룩셈부르크에 있는 법원(Court of Justice)이다.

유럽의 통합 과정을 이끌어 온 많은 전략이 원래 쉬망 플랜에 있었다. 핵심 소수 국가와 함께 앞서 나가면서, 통합에 대한 '2단계식' 접근은 1950년 5월 9일에 시작된 후 비교적 빠른 속도로 진행되어 60년이 지난 후에 27개국의 연합체로 가능하게 되었다.

우리 세대와 지금 입대할 나이가 된 필자의 자녀는 내전을 아주 오랫동안 알지 못한 서유럽의 첫 세대들이다. 우리 부모 세대나 조부모 세대들과는 달리, 우리 가족은 더 이상 유럽연합 회원국 간의 전쟁으로 잃은 사랑하는 사람들을 애도하지 않는다.

60년 동안, 이 대담한 계획은 실제로 회원국 사이에서 전쟁을 불가능하게 만들었다.

이 역사적인 돌파구에 대해, 우리는 하나님께 감사해야 한다!

2.
체포 및
탈출

로베르 쉬망의 삶에 있어 영적 열정과 화해한 유럽에 대한 국제주의적 동기를 형성하고 영향을 미친 것은 무엇인가? 그의 성격과 관점을 형성한 주된 요소는 무엇인가? 무엇이 그가 이전의 적에게 손을 내밀고 공동의 미래를 향해 나아가도록 준비시켰는가?

5월 9일 선언이 있기 전 64년 동안, 쉬망은 상황에 따라 시민권을 다섯 번이나 바꾸어야 했다. 그는 유럽의 중심부에서 두 번의 세계대전이 발발하는 것을 직접 경험했다. 그는 베르사유 조약이 독일인에게 미치는 엄청난 영향과 경제 침체가 민족주의적인 보호주의로 이어지는 것을 목격했다. 그는 정치적 스펙트럼의 한쪽 끝에는 러시아 혁명, 다른 한쪽 끝에는 이탈리아의 파시즘과 독일의 국가 사회주의를 시작으로 국제 공산주의가 부상하는 것을 보았다. 그는 게슈타포에 의해 체포되었고, 자유로운 프랑스로 탈출하기 전에 다하우(Dachau)[31]로 보내질 것을 직면했다.

힘난한 시대를 통해 그는 자유, 평등, 연대 및 평화에 협력하는 '국민 공동체'를 위한 안정되고 정의로우며 지속적인 유럽의 형태를 찾는 것이 사명이 되었다.

프랑스 로렌 출신의 그의 아버지 장 피에르 쉬망(Jean-Pierre Schuman)도 1870년 프랑스를 공격하여 승리한 프러시아군에 의해 체포되었다. 전쟁이 끝난 후 프러시아 통치 하에 머무르기보다, 그는 로렌을 떠나 룩셈부르크로 갔고 그곳에서 그는 유제니 듀렌(Eugénie Duren)을 만나 결혼했다.

로베르 쉬망은 이 부부의 외아들로 1886년 룩셈부르크에서 태어났다. 로베르는 어린 시절부터 룩셈부르크와 프러시안 로렌의 경계를 가로지르는 삼촌 농장의 고랑에서 놀며 그가 나중에 묘사한 것처럼 평생 '국경인(border person)'이라는 인식을 가지고 살게 되었다.

독실한 가톨릭 신자인 그의 어머니는 젊은 로베르를 경건한 신앙으

---

31 다하우 강제수용소(Konzentrationslager[KZ] Dachau)를 의미하는데 남부 독일의 뮌헨 북서쪽 약 16킬로미터 떨어진 다하우라는 중세풍 마을 근처 버려진 군수품 공장의 대지에 나치 독일이 최초로 개설한 곳이다. _역자 주

로 키웠고, 그를 정기 미사에 데려갔으며 경건한 문학서적을 읽게 하면서 그의 독서 프로그램을 지도했다. 로베르가 겨우 14살이었던 세기가 바뀔 무렵 그의 아버지가 돌아가신 후, 어머니와 아들의 관계는 더욱 깊어졌다. 어머니가 그에게 책을 수집하라고 장려하여 늘어나는 도서들과 함께 공부했다.

로베르는 메츠에서 1년 동안 공부하기 위해 집을 떠났고, 그 후 베를린 대학교에 가서 공부하면서 사회적으로 결속된 가톨릭 학생단체인 Unitas의 설립을 도왔다. 본, 뮌헨 그리고 스트라스부르에서 더 공부한 후 1910년에 마침내 법학박사 학위를 받았다.

그러나 유망한 25세의 변호사가 메츠에서 새로운 법률사무소를 개소한 후 그의 장밋빛 미래는 1911년 어느 여름날 산산조각이 났다. 결혼식 피로연에서 껑충 뛰어다니는 말이 그의 어머니를 땅에 쓰러뜨려 죽였다는 소식이 전해진 것이다.

이 비극적인 상실로 그는 '세상을 떠나' 사제가 되는 것에 대해 생각하기도 했다. 젊은 성년으로서 그의 롤모델 중 한 분은 쉬망이 경건한 남자로 존경했던 베네딕트 수도사인 마리아 라흐 수도원(the Maria Laach Abbey)[32]의 벤츨러(Bentzler) 수도원장이었다. 헌신과 사색 그리고 공부하는 고요한 생활방식은 그의 일생 동안 원하는 것이었다. 이제 이 세

---

32 베네딕트 수도원으로 독일 라인란드─팔라티네이트(Rhineland─Palatinate)의 아이펠(Eifel), 안더나흐(Andernach) 근처 라흐 호수가 남서쪽에 있다. _역자 주

상에서 혼자가 된 그에게 이 선택은 매우 매력적으로 보였다.

쉬망은 스트라스부르에 있는 친구에게 편지를 써서 자신의 생각을 털어놓았다. 쉬망보다 더 나은 사도를 상상할 수 없었던 친구 앙리 에 쉬바흐(Henri Eschbach)는 **오는 시대의 성인은 민간인 성인**(*les saints de l'avenir seront des saints en veston*)이라고 대답했다.

하나님이 개인을 인격적으로 인도하심을 믿기에, 쉬망은 이를 '그리스도인이 죽게 하는 것보다 무신론자들이 살도록 돕는' 삶을 살라는 신적인 격려로 받아들였다.

독일에서의 공부를 통해 쉬망은 1871년부터 1878년까지 비스마르크 총리가 **문화투쟁**(*Kulturkampf*)을 통해 가톨릭 교회에 미친 영향을 알게 된 후, 그는 종교적 관용을 변호하기 위한 법적 기술이 필요함을 깨닫게 되었다.[33]

교황 레오 13세가 가톨릭의 사회적 교리를 정리한 **레룸 노바룸**(*Rerum Novarum*)[34]은 다름 아닌 인류를 위해 봉사한 경제에 바탕을 둔 관용적

---

[33] 비스마르크는 로마 가톨릭 교회에 대한 정치적 통제를 통해 신생 독일 제국의 세속적 정체성을 확립하려고 노력했다. **문화투쟁**(*Kulturkampf*)에 저항하는 성직자는 체포되거나 해고되었다. 첫 단계로, 프로이센 주교의 절반이 투옥되거나 추방되었고, 네 개 교구 중 한 개, 수도사와 수녀의 절반이 프러시아를 떠났으며, 수도원과 수녀원 3분의 1이 폐쇄되었고, 1,800명의 교구 사제가 투옥되거나 추방되었으며, 수천 명의 평신도가 성직자를 도운 죄로 투옥되었다. _인용: 위키피디아

[34] 1891년 5월 15일에 공포한, 사회 문제를 다룬 최초의 교황 회칙. 문자적으로 "새로운 것에 관하여"라는 의미이지만 내용은 자본과 노동의 권리 및 의무(Rights and Duties of Capital and Labor)이며 당시 열악한 노동자의 상황을 개선하기 위한 것이다. 사유

이고 정의로운 사회의 필요성에 대한 자신의 신념을 형성했다.

새로 동기 부여를 받은 쉬망은 사회 활동에 헌신했다. 메츠 교구의 청년 지도자로서, 그는 1913년 메츠에서 독일 가톨릭 총회를 조직하는 것을 도왔다.

그 이듬해, 프랑스와 독일 사이에 다시 전쟁이 발발하여 다른 나라들도 급속히 휘말리게 되었다. 건강 검진에서 탈락한 쉬망은 독일군에서 면제되었고 그 대신 행정 업무로 배정되었다. 근무시간 외에는 난민과 죄수를 돕고 그의 가톨릭 자선단체에서 네트워킹하는 데 시간을 보냈다.

1918년 독일이 패배하자 알자스 로렌은 다시 프랑스령이 되었다. 쉬망의 친구들은 그에게 모젤을 대표하는 프랑스 국회의원 선거에 출마할 것을 촉구했다. 그는 정치적 야망이 거의 없었지만, **레룸 노바룸**에서 그린 것처럼 정의롭고 관대한 사회를 향해 일할 기회를 인식했다.

33세의 젊은 국회의원으로서 쉬망은 알자스와 로렌의 '잃어버린 지방'의 비스마르크 법령을 프랑스 대도시의 법과 일치시킬 책임이 있음

재산권은 인정하면서도 극단적인 사회주의와 무제한적인 자본주의를 배격하고 노동자가 조합을 결성하는 것을 지지하였다. 또한 적정 임금을 받을 권리를 제창하고 이를 위한 국가적 입법을 권장하였다. 이것은 노동 문제에 대한 가톨릭 원칙을 공식화한 것으로 현대 가톨릭 사회 이론의 기본으로 인정받고 있으며 이후에 다른 회칙, 특히 비오 11세의 *Quadragesimo anno*(1931), 요한 23세의 *Mater et magistra*(1961) 그리고 요한 바오로 2세의 *Centesimus annus*(1991)에 의해 보완되었다. _역자 주

을 알게 되었다. 파리는 가령 교육의 강제적인 세속화와 국가 사회보장과의 연계를 제안했다.

대부분의 알자스 로렌 주민은 비스마르크가 그들에게 그들이 몰수당하고 싶지 않은 우수한 사회보험을 주었다고 믿었다. 쉬망도 동의했다. **문화투쟁**에도 독일인들은 가톨릭 신자, 개신교 신자, 유대인도 알자스 로렌에서 학교를 운영하도록 허용했다. 쉬망은 그들의 양심을 따라 그들의 종교와 교육을 선택할 수 있는 민주적 권리를 위해 맹렬하게 싸웠다.

쉬망은 파리에게 중앙집권 정책은 비민주적일 것이며 '우리가 책임질 수 없는 심각한 문제의 근원이 될 것'이라고 경고했다.

오늘날까지 프랑스에서 이 지역에 고유한 자유와 이점들을 보장하는 그 결과는 **쉬망법**(*Lex Schuman*)으로 알려져 있다.

전 독일 도시 학생 친구들과 폭넓은 교류 및 가톨릭 사회 활동을 통해 국제주의적 시각을 갖게 되면서 그는 프랑스 또는 독일인의 민족주의 감정을 경계하게 되었다. 그는 다른 사람에게서 인류 전체에 대한 공통적인 믿음과 호의의 연대를 인지했다. 그가 참석했던 가톨릭과 외교적인 국제회의는 모두 국가 간의 이해와 협력, 동반자 관계 그리고 존중을 증진할 필요성에 대한 그의 신념을 강화했다.

그의 실력, 겸손함, 청렴함 그리고 경청할 수 있는 능력은 지지자들과 반대자 모두에게 존경을 받아 전쟁이 다시 일어날 때까지 그의 반복적인 재선을 보장하였다.

1940년 5월, 독일군이 프랑스를 침공하고 '불굴의' 마지노선을 휩쓸자 난민이 로렌을 떠나 서쪽으로 향했다. 그때 쉬망은 폴 레노(Paul Reynaud)[35]가 이끄는 정부에 들어왔다. 난민 차관으로서 그의 임무는 로렌 주민들에게 음식과 피난처, 의료 서비스를 제공하는 것이었다.

독일군이 파리로 진입한 6월 14일 이후, 레노는 사임했고 프랑스 정부는 침략자들과 휴전 협정을 체결할 수밖에 없었다. 1차 세계대전의 영웅인 마샬 페탱(Marshal Pétain)[36]은 84세에 새로운 국가 원수가 되어 파리 등 프랑스 북쪽과 서쪽은 나치를 주는 데 동의하였지만 남쪽과 동쪽은 남겨 두었다. 새 정부의 행정 중심지는 파리에서 남쪽으로 300킬로미터 떨어진 클레르몽-페랑(Clermont-Ferrand) 근처의 휴양지 비시(Vichy)로 이동했다.

쉬망은 페탱이 히틀러의 꼭두각시라는 것을 분명히 알았기에 새로운 정권에서 어떤 역할도 받아들이지 않았다. 이 늙은 정치인은 곧 거의 절대적인 권력을 장악했다. 그는 이것을 이용하여 '사회적 위계질서'를 지지하면서 공화당의 이상인 '자유, 평등, 우애'를 해체하기 시작

---

35 폴 레노(Jean Paul Reynaud: 1878-1966)는 프랑스의 정치인이자 저명한 변호사였다. 1940년 3월 21일부터 1940년 6월 16일까지 프랑스 제3공화국의 총리를 지냈으며 중도 우파 민주공화동맹 부총재를 하였다.

36 앙리 필리프 베노니 오메르 조제프 페탱(Henri Philippe Benoni Omer Joseph Pétain: 1856-1951)은 프랑스의 군인이며, 비시(Vichy) 정부의 수반이었다. 1차 세계대전 때의 무공으로 한때 프랑스의 국부로 칭송받았으나, 2차 세계대전 당시에는 나치 독일에 협력하여 프랑스 국민의 '공공의 적'으로 지목되어 종신형을 선고받았다.

했다. 비시 프랑스(Vichy France)[37]는 권위적이고, 부계중심적 (paternalis-tic)이며, 반국제적이고 반가톨릭 국가로 빠르게 전환했는데, 이에 반대하는 사람은 정기적으로 수감되었다.

한편, 쉬망은 독일에 점령된 로렌으로 돌아오는 작은 난민 그룹에 합류했다. 그는 그곳의 상황을 직접 목격하여 정부에 보고하기 원했다. 더 긴급히, 그가 독일 친구들과의 접촉을 손상시키며 유죄를 입증할 서신을 파쇄하기를 원했다.

메츠에 갔을 때, 그는 점령자에 맞서 지역 주민을 강력하게 방어하면서 여름을 보냈다. 가을이 되면, 쉬망은 파리로 돌아갈 계획이었다.

이 계획은 게슈타포가 그를 체포하면서 갑자기 끝나 버렸다. 그는 이런 모욕을 당한 최초의 프랑스 국회의원이었다.

독방에 감금된 지 7개월이 지난 후, 가혹한 상호 심사를 거쳐 '석방'이 이루어졌다. 그의 배경과 신념이 아데나워의 그것과 유사함을 감출 수 없었다. 그의 심문관은 아데나워가 쾰른 시장이었던 1932년 쉬

---

[37] 비시 프랑스(Vichy France)는 2차 세계대전 중 나치 독일의 점령하에 있던 남부 프랑스를 1940년부터 1944년까지 통치한 정권으로 프랑스에서는 비시 정부(Régime de Vichy)라고 부르며 정식 명칭은 프랑스국(l'État français)이다. 파리 남쪽에 있는 비시를 수도로 하였으며, 정부 수반은 1차 세계대전 당시 프랑스의 영웅이었던 필리프 페탱 원수였다. 공식적으로는 전쟁에 대해 중립을 내세웠고 나치 독일에 대해 독립적인 외교 관계를 구축하였으나 1942년 횃불 작전에 대한 보복으로 독일군이 남부 프랑스까지 진주하여 비시 프랑스는 사실상 멸망했고 그 통제권은 프랑스 군정청으로 넘어갔다. 그 이후 비시 프랑스는 이름뿐인 상태로 2년을 더 유지하다가 소멸했다. _ 역자 인용: 위키피디아

망이 쾰른을 방문한 것을 두고 두 사람이 공모자임을 입증하려고 했다. 사실, 그들은 전쟁이 끝날 때까지 만나지 않았다.

1938년 쉬망이 오스트리아를 방문하여 히틀러에 의해 축출된 많은 유명한 시민을 만났던 것도 연장된 상호 심사의 대상이었다.

그리고 나서 새로운 국가판무관(Reichskommissar)인 요제프 뷔르켈(Josef Bürckel)이 도착했다. 그의 명성은 오스트리아에서 판무관(Kommissar)으로 일하면서 '잔인하고 효율적인 독재자'로 인식되었다.

뷔르켈은 유명한 죄수에 대한 계획이 있었다. 그는 라인란드(Rhinland)의 노이슈타트(Neustadt)에 있는 경찰 감시 하에 그를 가택연금 시켜, 로렌에 있는 그의 추종자와 함께 나치 정권을 지지하도록 쉬망을 '회유할' 생각이었다. 그 전략은 종종 오스트리아에서 효과가 있었다.

이 국가판무관은 약점과 협박의 근거를 조사했다. 그는 그를 뮌헨 근처의 강제수용소인 다하우에 보내겠다고 위협함으로써 죄수를 움츠러들게 하려 했다.

하인리히 힘믈러(Heinrich Himmler) 무장친위대(SS: Schutzstaffel) 부장의 가까운 동료로서, 뷔르켈은 유럽의 유대인들을 말살시키기 위한 '최종 해결책'에 대해 확실히 잘 알고 있었다. 오스트리아에서 그는 유대인의 부를 나치의 금고로 빼돌리기 위한 반 유대적 조치를 도입했다.

일부에서는 이번 조사 기간 동안, 그가 당시 진행 중인 집단 학살의 세부사항을 일소하면서, 오스트리아의 유대인들에 대한 그의 절대 권력을 과시하면서 쉬망을 위협했을지도 모른다고 추측했다.

뷔르켈은 고위직 제의를 통해 쉬망을 달래려 했다. 그는 이 죄수에게 어떤 주제에 대해서든 독일어로 출판될 기사를 쓰도록 요청했다. 유명한 로렌의 고위 인사인 그의 이름으로 된 기사가 나오는 것만으로도 유용한 나치 선전일 것이다.

쉬망은 나치 독일의 전개 상황에 대해 가능한 한 많은 정보를 수집하기 위해 교묘하게 대화했다. 뷔르켈이 쉬망의 협조를 얻어내려고 하자, 게슈타포 지도자는 교도관의 감시 아래, 그에게 제한된 이동의 자유를 허용했다.

민감한 청취자였던 쉬망은 자신이 할 수 있는 모든 정보를 지역 도시와 도서관으로부터 수집했다. 그는 방문한 메츠 신학교 동문 및 교수들과, 로렌 및 레지스탕스와 은밀히 접촉했다. 뮌헨 대학에서 통계학을 공부한 그는 동부 전선에서 독일의 사상자과 물질 자원의 감소를 보여 주는 그림을 만들 수 있었다. 1942년 초에 그는 이미 연합군의 승리가 통계적으로 확실하다고 결론지었다. 독일은 이미 120만 명을 잃었다. 적어도 300만에서 400만 명이 부상이나 질병으로 움직이지 못하게 되었다. 패배는 시간문제였다.

쉬망은 이 정보를 알고 있었고, 대륙을 가로질러 유대인을 상대로 행해진 대량학살의 정보는 자유세계에 도달해야만 했다. 그는 가택연금에서 탈출할 방법을 찾아야 했다. 그것은 결코 쉬운 일이 아니었다. 자유 프랑스는 점령지로부터 수백 킬로미터 떨어져 있었다. 그리고 그는 대가를 치러야 할 것이다.

그는 지하 연락망을 통해 코르도니에르(Cordonnier, 불어로 '구두수선공')라는 이름으로 위조 신분증을 준비했다. 1942년 8월 1일, 그는 경계가 느슨한 보초를 피해 눈에 띄지 않게 탈출했다. 그 지역을 잘 알기에 많은 친구 및 연락망과 함께 그는 자유 프랑스를 향해 숲길을 걸어 여행하면서 수녀원과 수도원에 피난처를 찾았다.

그가 예상했던 대로, 라인란드, 알자스 및 로렌을 거쳐 그리고 점령당한 프랑스에서 그를 추적하기 위해 대규모 인력이 즉시 동원되었다. 그를 체포하기 위해 10만 마르크의 현상금이 걸렸다.

13일간 700킬로미터 그리고 몇 번의 좁은 탈출 후에 '코르도니에르'는 안전하게 프와티에(Poitier) 동쪽의 몽모히용(Montmorillon)에 있는 경계선을 통과하여 마침내 자유로운 프랑스로 왔다.

그는 프와티에 바로 남쪽에 있는 리구게(Liguge)로 가서 유대인들에 대한 조직적인 파괴에 관한 충격적인 메시지를 전달하기 위해 성 마르틴의 수도원장인 돔 바세(Dom Basset)를 찾아갔다.

돔 바세는 쉬망과의 대화를 다음과 같이 기록하고 있다.

> 우크라이나에는 더 이상 유대인이 없다. 남자, 여자, 아이들이 분리되어 끌려갔다. 남자와 여자는 강제수용소로 이송되었다. 종종 그들에게 거의 물과 음식 없이 보내진다. 그들은 기아와 추위로 죽게 되었다. 그들은 종종 거대한 참호를 파게 하고, 참호가 만들어지면 그 앞에서 총을 맞는다. 그들은 휘발유로 불을 붙여 태워진 후 석회와 흙으로 덮인

다. 폴란드계 유대인들은 종종 그러한 극단적인 방법에 의해 사망한다. 그들은 아버지, 어머니, 아이들을 분리해서 수송된다. 독일 사람이 수송될 때에는 그 가족이 함께 이동한다. 알자스 로렌의 경우도 마찬가지다. 그러나 그들은 사실상 아무 것도 가지고 가지 않은 채 조국을 떠나 매우 어려운 상황에 처해 있다.[38]

바세는 아마도 자유세계에서 신뢰할 수 있는 소식통으로부터 홀로코스트에 대한 뉴스를 들은 최초의 사람일 것이다. 아마도 쉬망은 이 정보의 일부를 고위 나치 관리로부터 직접 수집했을 것이다.

쉬망은 비시로 갔다. 그는 페탱이 듣고 싶어하든 말든, 그가 알고 있는 것을 그에게 알려야 할 의무를 느꼈다. 페탱은 쉬망이 그의 정부에서 일하기를 원했고 쉬망은 거절했다. 페탱이 지금 그의 말을 들을 준비가 되었을까? 비록 그가 그렇게 하지 않을지라도, 연합국들은 파리에서 남쪽으로 이동한 후에 비시에 대사관을 세웠고 그들은 들을 필요가 있었다.

쉬망은 페탱을 보호하는 내부로 침투하기 위해 모든 설득력을 동원했다. 마침내 그는 저녁 식사 때 몇 분 동안 그를 만날 수 있었고 유대인들의 멸절에 대해 보고할 수 있었다.

---

38 돔 수도원장의 기록, "**나치가 유대인을 멸절하는 것에 대한 로베르 쉬망의 경고**(*Robert Schuman's Warning on Nazi Destruction of the Jews*)", 참고문헌 참조.

페탱은 여전히 굳은 얼굴로 움직이지 않았다. 결국 그는 첫 번째 법안으로 유대인들을 정부로부터 그리고 의학이나 법과 같이 자유로운 직업에서 제외시켰다.

그러나 일반 대중 사이에서 쉬망의 탈출 소식은 특히 알자스 로렌에서 온 피난민들에게 큰 흥분을 안겨 주었다. 쉬망은 1,500명까지 참석한 공적 모임에서 연설했다. 그의 연설은 '신중하고, 희망으로 가득 차 있으며, 깊고 영적'이었다. 연합군의 승리가 단지 시간 문제라는 그의 메시지는 사기를 크게 북돋았다. 그는 리용(Lyon) 및 다른 도시의 경청하는 군중에게 독일이 전쟁에서 질 것이 확실하다고 말했다. 청취자들은 그가 투옥된 동안 어떻게 동부 전선에서 독일이 엄청난 손실을 입었음을 조사하고, 구체적인 숫자와 세부 사항을 수집할 수 있게 되었는지 들었다. 전쟁이 지속되는 것은 가능하지 않았다. 독일은 조만간 항복해야 할 것이다.

그는 또한 나치가 독일인과 다른 민족을 어떻게 노예화했는지 설명했다. 그러나 이 모임의 기록은 쉬망이 유대인 멸절에 대해 공적으로 말한 것이 얼마나 되는지 분명하게 보여 주지 않는다.

그는 많은 옛 동료와 믿을 만한 친구을 만났으며, 가장 확실한 것은 그가 가상의 이방인인 돔 바세에게 했던 말을 그들과 공유했을 것이다.

쉬망은 얼마 지나지 않아 다시 탈출했다. 비교적 자유롭던 비시 영토도 몇 주 안에 끝날 운명이었다. 왜냐하면 독일인이 이 프랑스의 미

점령 지역도 침략했기 때문이다. 이제 친위대는 좀 더 집중적으로 수색할 수 있었다.

드 골(레노 정부에서 동료 차관)은 쉬망을 런던에 있는 망명 정부로 초대했다. 하지만 그는 프랑스에 머물기로 선택했고, 부르(Bourg)에 있는 라 프로비당스 드 보퐁(La Providence de Beaupont)의 고아원에 은둔했다.

그러나 공직에서 강제로 물러난 쉬망은 일단 예상된 종전이 되면 유럽 재건에 대한 반성, 연구, 계획을 할 수 있는 기회가 주어졌다.[39]

---

39 전쟁이 끝난 후, 페탱은 반역죄로 유죄 판결을 받았고, 총살되기 전에 사형 선고를 받았다. 하지만 드 골은 나중에 그가 1차 세계대전 중 영웅적인 복무를 한 점을 감안하여 형량을 종신형으로 감형했다. 페탱은 프랑스의 궁극적인 생존을 위해 노력했고 비시 정부를 수립함으로써 히틀러의 패배를 보장했으며 따라서 히틀러가 아프리카로 진격하지 못하도록 방해했다고 주장했다.(Keyserlingk, p. 4)

3.
하나님과
카이저

    쉬망은 알지 못하는 가운데, 은둔과 망명, 수용된 다른 사람을 위한 전쟁 이후 시대를 공부하고, 생각하며, 꿈꾸고, 준비할 기회를 얻게 되었다.

    이미 1933년에, 나치 깃발을 드는 것을 거부하여 히틀러에 의해 쾰른 시장 직에서 물러난 콘라드 아데나워는 쉬망에게도 익숙한 마리아 라흐 수도원에 1년간 피신했다. 그는 쉬망의 사회 사상의 많은 부분을 형성한 것과 동일한 교황의 교서를 다시 읽고 연구하는 데 많은 시간을 보냈다.

    미국의 전쟁 포로가 되는 동안, 독일 개신교인 발터 할슈타인(Walter

Hallstein)[40]은 미국 연방주의를 연구했다. 그는 나중에 유럽경제공동체 (European Economic Community)의 초대위원장이 되었다.[41]

런던에 소재한 벨기에, 네덜란드, 프랑스 및 폴란드 망명 정부에 종사하는 다른 사람들 또한 미래를 위한 실행 가능한 안들과 씨름했다. 대부분 이것은 국가 주권 및 국제협력 간의 절충을 수반했다.

쉬망은 수세기 동안 유럽에 제안된 많은 비전과 계획을 분류하면서, 어디서 일이 잘못되었는지 묻고, 기독교적 교훈과 원칙들을 구체적인 해결책에 적용하려고 애쓰는 데 많은 시간을 보냈다.

가령 17세기에 윌리엄 펜(William Penn)[42]은 유럽콘서트(Concert of Eu-

---

40 발터 할슈타인(Walter Hallstein: 1901-1982)은 독일의 법학자이자 정치인이다. 나치즘에 반감을 갖고 있었기 때문에 나치당 당원이 되지 않았다. 1942년에는 프랑스 북부에서 독일 국방군 예비역 중위로 복무했지만 1944년 6월 26일 세르부르(Cherbourg) 전투 중 미 육군의 포로로 잡혔다. 미국 미시시피 주에 위치한 독일인 포로수용소에 설치된 수용소 대학교에서 법학을 전공했다. 1945년 11월 독일로 귀환했고 1946년까지 1948년까지 프랑크푸르트 대학교 총장을 역임했다. 1948년에는 미국 조지타운 대학교에서 1년 동안 객원 교수로 재직했고 1949년부터 1950년까지 유네스코위원회 의장을 역임했다. 1951년부터 1958년까지 서독 외무부 차관을 역임했다. 특히 1955년에는 동독을 국가로 승인한 국가와는 외교 관계를 맺지 않는다는 "할슈타인 독트린"을 발표했다. 1958년 1월 7일부터 1967년 6월 20일까지 유럽경제공동체 위원장을 역임했고 1969년 9월 28일부터 1972년 11월 19일까지 독일 기독교민주연합 소속 독일 연방의회 의원을 역임했다. _역자 인용: 위키피디아
41 그는 1958-67년 동안 이후의 자크 들로르(Jacques Delors, 1985-94년)와 동등한 영향력을 누렸다.
42 윌리엄 펜(William Penn: 1644-1718)은 영국의 식민지였던 미국에 필라델피아를 건설하여 펜실베이니아를 정비한 영국의 귀족으로 작가인 동시에 퀘이커 교도였다. 펜이 보여 준 민주주의 중시는 미국 헌법에 영향을 주었다. _역자 주

rope)를 제안했고, 심지어 의장이 없는 타원형의 회의실을 디자인하여 터키도 참여할 수 있다고 주장했다. 18세기의 아베 드 생 피에르(Abbé de Saint Pierre)[43]와 임마누엘 칸트(Immanuel Kant) 그리고 19세기의 더 많은 비저너리들도 유럽 국가를 위한 정치 연합의 형태를 제안했었다.

액튼 경은 연방주의가 소수 민족들을 보호하고 지배적인 국가로부터 방어하며 유럽과 세계 수준으로 '무제한 확장' 능력을 가지고 있다고 가르쳤다. 케임브리지 대학의 동료 교수인 시드윅(Sidgwick)은 유럽 연방주의가 '가장 가능성 있는 예언'이라고 보았다.

1차 세계대전 당시 알버트 아인슈타인(Albert Einstein)은 초국가적 유럽연합의 아이디어를 지지했다. 범 유럽연합은 1920년대에 『판오이로파(Paneuropa)』의 작가인 리처드 쿠덴호브-칼레기(Richard Coudenhove-Kalergi)[44] 백작에 의해 설립되었다. 국제연맹 당시 쉬망의 전임 외무부 장관으로 발탁된 아리스티드 브리앙(Aristide Briand)[45]도 유럽 국가

---

43 공식 이름은 샤를-이레네 카스텔 아베 드 생 피에르(Charles-Irénée Castel abbé de Saint-Pierre: 1658 - 1743)인 그는 프랑스 작가로 역사상 최초로 평화를 유지하기 위한 국제기구를 제안했으며 루소와 칸트에게 영향을 주었다. _역자 주

44 리하르트 니콜라우스 에이지로 폰 코우덴호페-칼레르기 백작(Richard Nikolaus Eijiro, Count of Coudenhove-Kalergi, 1894 - 1972)는 일본계 오스트리아 정치인, 언론인, 철학자이다. _역자 인용: 위키피디아

45 아리스티드 브리앙(Aristide Briand: 1862 - 1932)은 프랑스 정치인이다. 법학을 공부한 후 신문기자·변호사·국회의원 등을 지냈으며, 총리를 11회, 외무부 장관을 10회 지냈다. 그동안 베르사유 조약 실시, 배상 문제, 협정, 부전 조약 체결 등 큰 공을 세워 1926년에 노벨평화상을 받았다. _역자 인용: 위키피디아

사이에 일종의 '연방 제도(federal bond)'를 제안했다.

그러나 이 제안 중 어느 것도 구체적인 형태를 취하지는 않았다.

1930년에 윈스턴 처칠(Winston Churchill)[46]은 「**토요일 저녁 포스트**(Saturday Evening Post)」에 '유럽합중국'에 관한 글을 썼는데, 이 책에서 유럽 시민은 자신을 유럽인과 세계 시민일 뿐만 아니라 프랑스, 네덜란드, 독일, 스페인인으로 볼 수 있었다.

이후 1940년 6월 독일군이 프랑스를 침공했음에도 처칠 총리는 프랑스와의 '불가능한' 정치적 연합을 위한 계획을 고려해 주목할 만한 국무회의를 주재했다. 두 나라는 하나가 될 것이다. 하나의 전쟁 내각이 모든 군대를 감독할 것이다. 시민권은 공유될 것이다. 이 계획의 주역은 쟝 모네로, 영국과 프랑스 양국 총리가 국제 무기 구입을 조정하기 위해 전쟁 발발에 대비해 그를 임명한 것이다.

전형적인 처칠 스타일로, 총리는 자신감에 차 "그러면 우리는 승리할 것이다!"라고 결론지었고 만장일치로 "만세, 만세!"라는 반향을 일으켰다.

역사학자 아놀드 토인비(Arnold Toynbee)[47]는 연방연합(federal union)을 지지하는 많은 저명한 영국인 중 한 명이었다. 그의 역사 연구는 영국

---

46 윈스턴 레오너드 스펜서 처칠 경(Sir Winston Leonard Spencer-Churchill: 1874－1965)은 영국의 총리를 지낸 정치가이다. _역자 인용: 위키피디아
47 아놀드 조지프 토인비(Arnold Joseph Toynbee: 1889－1975)는 영국의 역사철학자이다. _역자 인용: 위키피디아

이 유럽의 맥락에서 연합해야 한다는 결론을 내리게 했다.[48] '국민의 정신은 부족주의라는 낡은 병에 담긴 새로운 민주주의라는 포도주를 만드는 시큼한 발효'라고 그는 주장했다. 기존 국가가 '지역주의적이고 종속적인' 시대로 비치는 새로운 시대가 시작되고 있었다.

현대의 독자에게 놀라운 것은, 「**맨체스터 가디언**(*The Manchester Guardian*)」, 「**타임즈**(*The Times*)」, 「**뉴 스테이츠맨**(*New Statesman*)」이 과학자 줄리안 헉슬리(Julian Huxley)와 대주교 윌리엄 템플(William Temple)과 같은 공적 인사와 함께 프랑스와의 연방 연대를 지지하는 신문 중 일부일 뿐이다. 심지어 대국주의자인 드 골조차 연방주의자의 의도는 아니었지만 그 계획에 지지를 보내 주었다.

하지만 너무 늦었다. 프랑스 총리 레노는 처칠의 제안을 받아들이기 원했지만 그의 내각은 항복하기로 결정했다.

레노는 사임했다. 페탱이 권력을 잡았다.

아, 페탱! 그는 쉬망을 영입하여 그의 내각에 존경심을 주기 위해 신뢰와 정직이라는 평판을 얻기를 원했다! 그는 여전히 그를 기다리고 있었다. 그러나 신뢰와 정직은 얻을 수 없었다. 쉬망이 그와 함께 일하는 것을 막았다.

페탱의 천주교는 다른 신념에 대해 반동적이고 편협했다. 쉬망의 헌신은 모든 인간, 모든 인종, 모든 민족의 하나님, 아버지를 향한 것

---

48 Toynbee, 1934-61.

이었고 예수님은 모두를 위해 죽었다.

여기 페탱이 거절한 관용과 평등의 기초가 있다. 그것은 심오한 정치적 의미를 가지고 있었다. 그렇다. 쉬망은 교회와 국가 영역 간의 차이를 이해했다. 교회의 역할은 국가의 정치적 이슈와 과정에 직접 관여하는 것이 아니며, 이는 과거에도 종종 되풀이된 실수였다.

"기독교는 정치 체제에 통합되어서는 안 된다. 아무리 민주적일지라도 어떤 형태의 정부와도 동일시되어서는 안 된다."라고 그는 적었다. "우리는 카이저의 것과 하나님의 것을 구별해야 한다."[49]

그럼에도 쉬망의 믿음은 그의 모든 정치적 행동을 지시하고 동기를 부여했다. 가령 **쉬망법**은 성경의 평등 원칙에 기초해 다른 신앙에 대한 관용을 구현했다. 기독교가 모든 사람은 원래 평등하고, 모두 '인종, 피부색, 사회적 지위 또는 직업에 관계없이' 동일한 하나님의 자녀라고 가르친다면,[50] 국가 역시 동등하게 취급해야 한다. 사랑과 자선이라는 보편적인 법칙은 모든 사람을 우리 이웃으로 만들었고 기독교 세계에서의 사회적 관계는 그 이후로도 계속해서 이것을 기반으로 했다. 어떤 인종이나 민족도 하나님의 눈에 더 중요하다고 주장할 수 없다.[51]

---

49 Schuman, 1963. p. 46.

50 Schuman, p. 44.

51 같은 이유로 쉬망은 훗날 쉬망 선언에서도 아프리카에 대해 언급하면서 유럽 이외

이러한 이유로 쉬망이 드 골의 민족주의에 대해 불편함을 느꼈고 런던으로 초청한 것을 그가 거절한 이유였다.

진정한 민주주의의 뿌리, 평등의 원리, 형제애의 실천, 개인의 자유, 개인의 권리에 대한 존중은 모두, 쉬망이 이해하는 한 그리스도의 가르침에서 비롯되었다. 민주주의는 기독교에서 나온 것이라고 그는 주장했다. 이러한 가르침의 실질적인 적용은 수세기에 걸쳐 유럽을 변화시켰고, 자유 민주주의를 초래했다.[52] 민주주의는 즉흥적으로 만들어진 것이 아니다. 유럽에서 천 년 이상 걸려 기독교가 형성한 것이다.

기독교 원칙은 유럽 문명의 특징이 되었고, 17세기 합리주의자들도 인권과 시민의 권리를 이 원칙에서 도출한 것이었으며, '그것은 본질적으로 기독교적인' 것이라고 쉬망은 주장했다.

쉬망은 현대 철학자들인 앙리 베르그송(Henri Bergson)[53]과 자크 마리탱(Jacques Maritain)[54]을 인용해[55] 자신이 이해하는 민주주의를 설명했

국가의 중요성을 표현했다.

52 Schuman, p. 43.

53 앙리-루이 베르그송(Henri-Louis Bergson: 1859-1941)은 폴란드 유대계 프랑스 철학자이다. 1927년에 노벨문학상을 받았다. _역자 주

54 자크 마리탱(Jacques Maritain: 1882 - 1973)은 프랑스의 로마 가톨릭 철학자이다. 개신교 신자로 있다가 1906년에 로마 가톨릭으로 전향하였다. 토마스 아퀴나스를 현대적 시각으로 재조명하였으며, 60권 이상의 저서를 남겼다. _역자 인용: 위키피디아

55 마리탱은 세계인권선언의 저명한 저술가였으며 교황 바오로 6세의 스승이었다.

다. 베르그송처럼 그도 민주주의는 사랑이 주된 원천이기 때문에 '본질적으로 복음주의'라고 결론지었다. '민주주의는 기독교적일 수도 있고 아닐 수도 있다. 반 기독 민주주의는 폭정이나 무정부 상태에 빠질 패러디물이 될 것이다.'[56]

과반수 투표에만 바탕을 둔 헬레니즘 시대의 민주주의는 '다수의 독재'로 끝날 것이다. 진정한 민주주의는 섬김을 필요로 했다. 즉 국민을 섬기고 국민과 함께 행동하는 것이다. 그 목표는 평화로 시작되어야 했고 그 방법도 평화적이어야 했다.

"네 이웃을 네 몸같이 사랑하라."는 민주주의 원칙으로 국가에 적용한다면, 그것은 이웃 민족을 섬기고 사랑할 준비가 되어 있음을 의미했다.

쉬망에게 있어 통합된 유럽의 미래는 당연히 기독교적인 동시에 민주주의적이어야 했다. 유럽은 기독교적 전통에 깊이 뿌리박고 있었다. 이러한 뿌리에서 단절되면, 유럽은 평등, 인간의 존엄성, 관용 및 동정심의 기반을 잃게 될 것이다.

민주주의자는 종교를 무시하거나 반대하는 국가를 받아들일 수 없었다. 왜냐하면 국가는 시민의 의무의 실천과 모든 곳에서 사회적 붕괴를 시도하는 힘으로부터 국가를 보호하는 면에서 종교적 영감의 비범한 효과를 무시할 수 없었기 때문이다.

---

56 Schuman, p. 51.

계몽운동이 그리스 로마의 고전적 전통을 부활시키기 전, 그리스도의 가르침은 그리스, 라틴, 켈틱, 게르만, 슬라브, 헝가리 및 노르딕 등 유럽의 다양한 부족에게 깊은 영향을 끼쳤다. 다양한 문화는 완벽하지는 않지만 기독교라는 공통 분모로 짜여 있었다.

분명히 자존심, 이기심 그리고 탐욕은 이 역사를 더럽혔으며, 종종 '어둠의 시대'로 무시되었다. 사실 이러한 것은 수세기 동안 켈트와 베네딕트 수도사들 같은 수도원 운동이 유럽 전역으로 퍼지면서 많은 불빛이 떠오르는 문명화의 구성요소가 된 공동체를 이루는 데 기여했다. 쉬망은 자유를 향한 도피 여정에서 이러한 공동체 중 몇 군데서 피난처를 찾았다.

이들 수도원에서 학자-수도사들이 이끄는 유럽의 위대한 대학과 다른 학문의 센터가 생겨났다.

예술과 음악, 정치와 법률, 언어와 문학, 환대와 의학, 건축과 농업, 학교와 사회적 기관은 그리스도의 가르침과 성경의 확산에 의해 수세기 동안 직·간접적으로 영향을 받았다.

그러나 현대 산업화된 유럽은 교회의 역할에 대한 새로운 도전을 가져왔다. 단순한 기독교 자선단체만으로는 더 이상 근로자와 소유주, 계급과 계급이 대항하는 새로운 사회, 경제 세력으로 인해 발생하는 체계적 불평등에 대처하기에 충분하지 않았다.

이러한 도전에 대해 교황은 1891년, **레룸 노바룸**을 발표했는데 이는 모든 인류에 대한 하나님의 사랑에 바탕을 둔 사회의 새로운 연대를 요구한 기념비적 교서였다.

교회는 사람이 사회에서 경험하는 새로운 긴장에 대처하도록 도울 필요가 있었다. 계급투쟁을 강조하는 사회주의나 개인주의에 초점을 맞춘 자유주의는 해답이 아니었다. 화해와 연대가 널리 퍼져야 했다.

이 교서에 의하면 국가는 공공의 이익을 위해 통치할 책임이 있으며 **보충성**의 원칙(the principle of *subsidiarity*)에 따라 사회 내의 다양한 공동체를 존중해야 한다.

따라서 모든 결정은 사회를 구성하는 더 작은 공동체와 협회가 가능한 한 자치적으로 이루어져야 했다. 다시 말해 '필요한 만큼 많은 정부, 가능한 한 작은 정부'이다.

그러므로 연대, 보조 그리고 평등은 모두, 쉬망의 관점에서 볼 때 그리스도의 가르침에 근거한 가치였다. 심지어 현재, 적으로 여겨지는 사람들도 용서하고 화해하는 것이 공동체에 적용되는 것이 기독교적 명령이었다.

그는 이것이 전후 유럽이 가는 길이어야 한다고 믿었다. 정치와 경제 구조는 국가와 국민에게 적용되는 "네 이웃을 사랑하라."는 민주주의 원칙에 따라 지역, 국가 그리고 유럽의 모든 수준에서 구축되어야 할 것이다.

쉬망이 전쟁에 참가하여 배웠고 당시에도 남아 있던 유대인에 대한 적대감은 국제적인 인권 보장에 의해 없어져야 할 것이다. 각 사람은 창조주의 형상(*Imago Dei*)으로 만들어졌다는 성경적 가르침에 뿌리를 둔 권리는 음식, 피난처, 옷, 교육 및 관계 등 인간이 인간답게 없다는 것에 대한 권리를 포함시켰다. 다시 한번, 인권을 보장해야 하는 명령은 이웃을 사랑하라는 명령에 뿌리를 두고 있다.

쉬망은 이 조용한 은둔, 연구, 반성 그리고 준비의 계절이 곧 끝나고 새로운 방향을 열망하는 유럽에서 긴급한 행동을 요구하는 결정적인 시기가 올 것임을 알고 있었다.

뉴스는 결국 1944년 6월 D-Day 노르망디 상륙작전을 보도했다. 해방이 곧 뒤따를 것이라는 희망이 생겼다.

8월의 어느 날, 고아원에서 온 아이들은 미군을 본 것에 대해 신나게 떠들어 대며 걸어왔다. 아무도 그들이 껌, 초콜릿 심지어 통조림 우유와 쇠고기를 주머니에서 꺼내기 전까지 그들을 믿지 않았다!

다음날, 부르의 마을 사람은 해방이 기뻐서 거리로 쏟아져 나왔다. 쉬망은 복도 끝에 있는 작은 방에 틀어박혀 있다가 그 순간을 함께 나누기 위해 나갔다.

연합군은 8월 19일 파리로 입성했다. 베를린이 무너지는 것은 시간문제였고 제3제국은 산산조각이 날 것을 쉬망은 알고 있었다.

그는 재빨리 파리로 갔고 로렌 문제에 대해 해방 정부에 조언해 달라는 요청을 받았다. 그러나 곧 그는 높은 곳에 적이 있음을 알게 되었다. 전쟁 장관은 쉬망이 공무원으로 등록되었다는 것을 알았을 때 즉시 이 '비시의 산물'을 제명(除名)하라고 지시했다.

그러나 다른 정부 관리는 쉬망에게 모젤로 돌아가라고 격려하면서 지프차 한 대와 육군 장교 한 명으로 호위했다. 메츠 시는 여전히 독일의 통치하에 있었기 때문에 쉬망은 이웃 도시에서 거주지를 찾아야 했다. 며칠 후, 그는 파리로부터 체포 및 소환장과 함께 전쟁 중 독일에 있는 동안 적과 협력한 혐의로 수배되었다. 친구들은 쉬망에게 소환장을 무시하라고 충고했다. 공산주의자들과 민족주의자들이 개인적, 정치적 보복으로 이렇게 하고 있다고 경고했다.

한편 메츠는 이제 해방되었다. 쉬망은 즉시 해방위원회에 임명되었고, 도시의 파괴된 삶을 복구하기 위해 일하기 시작했다.

파리에서 온 소문에도 끄떡없는 고향에서의 명성은 쉬망을 새롭게 재편된 국회의원으로 편안하게 만들었다. 그 후, 그의 고발자들은 분하겠지만, 로베르 쉬망의 이름이 전쟁 후 첫 내각의 재무부 장관으로 발표되었다.

이것은 향후 10년 동안 계속해서 재무부, 외교부, 법무부 장관으로 프랑스 내각에서 연이어 탁월한 경력을 쌓기 위한 시작이었다. 1년 동안 두 번의 정부를 섬긴 후, 로베르 쉬망은 1947-8년 격동의 두 해 동안 총리에 임명되었다.

짧은 기간 동안, 그는 동시에 외무부 장관직을 맡았고, 총리실을 떠나 그가 가장 진심으로 하고 싶은 일에 집중했다.

이러한 직위는 그가 유럽 국가가 기본적인 인권을 지지할 책임을 지는 새로운 시대를 시작할 수 있게 했다. 이제는 다하우와 아우슈비

츠의 잔학 행위와 소수 민족을 박해하는 '국가 깡패주의(state gangster-ism)'를 반복할 수 없을 것이다. 그는 모든 유럽의 민주주의 국가가 참여하여 유럽평의회를 설립할 것을 제안했고, 인권 보장을 위한 초국가적 법률안을 제출하였다. 이러한 권리는 현재 유럽인권협약(European Convention on Human Rights)이라고 불리는 것에 설명되어 있다.[57] 새로운 유럽은 이 위원회를 구성하는 국가의 국경에 의해 정의될 것이다.

1949년 5월 5일, 쉬망은 런던의 세인트 제임스 팰리스에 10개 유럽 국가 지도자들과 함께 유럽평의회의 정관에 서명하기 위해 모였다.[58]

쉬망은 프랑스를 대표하여 서명했지만, 이 위원회가 인권을 보호하기 위해 추가적인 조치가 필요하다는 것을 알고 있었다. 런던에서 가진 기자회견에서 그는 '전쟁을 불가능하게 만들기' 위해 초국가적 협의체나 민주주의 연합의 필요성에 대해 말했다. 민족주의와 경쟁의 치명적인 수확으로 과거 피비린내나는 시기는 지구를 자살 직전까지 몰고 갔다. 그들은 평화에 초점을 맞춘 민주주의의 초국가적 연합이라는 새로운 시대로 옮겨 가야 했다.

그는 이것이 정신적 및 정치적 성장을 촉진시킬 것이라고 믿었다. 그것은 국민과 국가에 적용되는 "네 이웃을 네 몸과 같이 사랑하라."

---

57 부록 III 참조.

58 벨기에, 덴마크, 프랑스, 아일랜드, 이탈리아, 룩셈부르크, 네덜란드, 노르웨이, 스웨덴 및 영국이 창립 서명국이었다.

라는 민주주의 원칙에 바탕을 둔 거대한 '유럽의 실험'이 될 것이다.

11일 후 스트라스부르에서 쉬망은 10세기 동안 전쟁을 종식시키고 평화를 보장하는 조직을 만들기 위해 유럽 사람이 반복적으로 생각해 온 위대한 실험에 대해 이야기하면서 '초국가적 연합'이라는 주제로 돌아왔다.

그는 중세의 로마 교회는 독일 황제들의 시도 및 '우리 모두가 경험한 바와 같이 용인할 수 없는 **지도자**(*Führertum*)의 가식적인 "매력(charms)'"과 함께 실패했다고 말했다.

쉬망은 이어 "유럽의 정신은 문화 가족에 속한다는 것을 의식하고 패권이나 타인에 대한 이기적인 착취같은 숨겨진 동기 없이 완전한 상호주의 정신으로 그 공동체를 기꺼이 섬기는 것을 의미한다."고 말했다. 19세기에는 봉건주의가 반대에 부딪힘을 보았고, 민족주의가 부상함에 따라 국가는 자신을 앞세웠다.

국가와 민족주의의 끊임없는 충돌을 초래한 재난을 목격한 우리 시기는 초국가적 연대를 통해 국가의 화합을 시도하고 성공해야 한다. 이를 통해 각 국가의 다양성과 열망을 보호하는 동시에 국가적 통일성 내에서 각 지역의 화합을 도모하는 것과 같은 방식으로 조율할 수 있을 것이다.

그러나 쉬망이 이 주제를 더 널리 알릴수록, 전쟁이 끝난 후 은둔 중에 그가 확인한 목표를 향해 몇 년 동안 이루어진 모든 진보에도 더 많은 내적 좌절감을 느꼈다.

유럽평의회는 그 자체로 인권 보호를 위한 중요한 단계였다. 그는 한 달 전 북대서양조약(North Atlantic Treaty)에 서명하기 위해 프랑스 대표로 워싱턴을 방문하여 다음 세기에 서방의 안정을 가져올 군사 동맹의 탄생을 목격했다. 마샬 플랜은 이미 1년 동안 진행되어 유럽 국가가 비지니스와 산업을 현대화하고 무역 장벽을 낮추며 희망과 자립을 촉진하도록 돕고 있었다.

그렇다. 이것은 모두 황폐하고 지친 유럽을 재건하는 데 필수적인 요소였다.

그러나 쉬망은 두 가지가 여전히 실종되었다고 느꼈다.

첫째, 정치적 의지력과 '초국가적인 연합'의 틀이었다. 쉬망에게는 새로운 유럽을 건설하기 위해 어떤 조치가 취해져야 하는지 분명했지만, 다른 사람은 별로 확신하지 못했다. 심지어 그의 후임자인 조지 비도(Georges Bidault) 총리조차도. 그는 앞으로의 과제에 대해 자신의 정부로부터도 지지받지 못했다.

두 번째는 유럽 내부의 깊고 내적인 변화를 향한 개인적인 의지력이었다. 그는 미국의 경제적 군사적 모든 도움을 보고 프랑스나 독일 또는 일반 유럽인들이 '그들의 이웃을 그들 자신처럼 사랑하도록' 강요할 수 없다는 것을 알고 있었다.

4.
화해의
사도들

여전히 총리직에 있던 쉬망은 1948년 봄 기차 안의 대화에서 그런 내적 변화에 대한 보도를 들었다. 프랑스 북부 릴(Lille) 출신의 기업가 루이 부께이(Louis Boucquey)는 1년 전 스위스 산촌 꼬(Caux)에서 열린 컨퍼런스에 참석한 후 한 고용주 연맹의 비서관 태도에 현저한 반전이 있었다고 쉬망에게 말했다.

정부, 노조 간부, 광부, 공장 노동자 사이의 긴장이 내전으로 번질 것같은 위협이 닥치자, 수백 명의 광산 및 섬유 공장 지도자가 칼레(Calais) 근처의 해안에서 만났다. 이 모임에서 꼬의 정신이 우세했다고 부께이는 쉬망에게 말해 신뢰, 화해 그리고 협력의 새로운 분위기를 만들었다.

쉬망은 꼬에서 열린 이 회의에 대해 더 많은 것을 알 수 있는지 그 사업가에게 물었다. 쉬망은 프랭크 버크먼(Frank Buchman)[59]이라는 미국 루터교 복음전도자에 의해 시작된 도덕재무장운동(MRA: Moral Re-Armament)이라고 불리는 그들의 배후에 있는 세계 운동에 대해 더 알고 싶어했다.[60]

거의 1년이 지난 1949년 3월, 부께이는 버크먼의 절친한 동료 두 명과 함께하는 사적인 만찬에 쉬망을 파리 외곽에 있는 자기 집으로 초대했다. 쉬망은 당시 외무부 장관이었고 다음 달 북대서양조약에 서명하기 위해 워싱턴으로 떠날 준비를 하고 있었다.

만찬 손님 중 한 명인 필립 모투(Philippe Mottu)라는 스위스 외교관은 꼬 컨퍼런스에 대해 주로 말해 주었다. 그는 전쟁 직후 유명한 호텔을 국제화해센터로 개조한 사실을 직접 말해 주었다.

몽트뢰(Montreux) 상공에서, 꼬 왕궁(Caux Palace)은 프랑스 알프스 산맥을 향해 제네바 호수 동쪽 끝의 웅장한 경관을 연출했다. 스위스의 가장 크고 유명한 이 호텔이 1902년에 지어졌을 때, MRA와 관련된

---

59 프랭크 버크먼(Franklin Nathaniel Daniel Buchman: 1878-1961)은 도덕재무장운동으로 알려진 옥스포드 그룹을 1938년에 창설했다. 그는 2차 세계대전 이후 프랑스와 독일의 화해에 큰 공헌을 하였다. _역자 주

60 이 장은 Lean, 1985, p. 375-84 및 Mottu, 1970에 주로 근거한다.

95개의 스위스 기독교 가정이 구입했다. 그들은 가정의 보석, 생명보험, 휴가 자금 그리고 심지어 집까지도 팔아 현재 전쟁 피난민을 위한 망명처를 구매했던 것이다. 마운틴 하우스라는 이름으로 다시 명명된 이 궁전은 빠르게 과거를 치유하고 미래를 개척하는 안식처가 되었다.

전쟁 전 수십 년 동안 프랭크 버크먼은 개인과 가족, 왕, 대통령, 심지어 국가가 하나님의 뜻에 복종하도록 하는 메시지를 선포했었다. 이제, 격동의 전쟁 이후, 버크먼과 MRA 회원들은 용서와 화해를 통해 전후 세계를 재편하는 사역에 초점을 맞췄다.

1946년 여름에 버크먼이 마운틴 하우스를 방문했을 때, 유럽 전역에서 온 젊은 자원봉사자의 열광적인 대표단이 그를 맞이하기 위해 접견실에 모여 있었다. 몇몇은 자국의 전통 복장을 하고 있었다. 버크먼은 거기 모인 사람의 얼굴과 의상을 둘러본 후 큰 목소리로 물었다.

"독일인들은 어디에 있나요?"

모두들 갑자기 조용해졌다. 전쟁이 끝난 지 1년이 지났지만, 버크먼의 질문은 여전히 참석한 많은 사람에게 충격을 주었다.

"여러분 중 일부는 독일이 변해야 한다고 생각하는데, 그것은 맞습니다. 하지만 독일인 없이는 결코 유럽을 재건할 수 없을 것입니다!"

버크먼이 힘주어 말했다.

쉬망처럼, 버크먼도 독일이 기독교의 용서와 화해에 의해 받아들여지지 않는다면, 무정부 상태나 공산주의의 무신론적 힘이 전후 공백을 메울 것이라고 믿었다.

모투가 어떻게 1947년에 수천 명의 독일 시민들이 처음으로 유럽과 다른 대륙에서 온 사람을 만나기 위해 연합국의 특별 허가를 받았는지에 대해 쉬망에게 말한 것은 의심할 여지가 없다. 버크먼과 그의 동료가 가르친 용서와 화해의 메시지는 그들에게 깊은 영향을 미쳤다.

1948년 여름 행사에 콘라드 아데나워를 포함한 독일인 450명이 꼬를 방문했다.[61] 미래에 서독의 총리가 될 그는 국민을 위한 이 메시지의 힘과 시기적절함을 인식했다. 그는 MRA 팀을 초청하여 순회 뮤지컬 쇼를 통해 용서의 메시지를 공유하고 버크먼을 위한 일련의 공식 리셉션을 준비했다.

쉬망은 이 보도에 대해 강한 반향을 보였을 것이다. 여기 그가 그토록 보고 싶어 했던 내면의 변화를 가져온 메시지가 분명히 있었기 때문이다.

그러나 만찬 손님 또한 다가오는 대서양 조약에 대한 장관의 견해를 듣는 것에 관심이 있었다. 그 조약은 과연 얼마나 효과적일까?

쉬망은 솔직히 말했다. 만약 그 조약이 정치와 군사적 영역에만 영향을 미친다면 그것은 결함이 있는 것으로 판명될 것이다. 폭탄과 무

---

61 정부 각료 83명, 노조원 400명, 기업가 210명, 성직자 14명(주교와 신학자 포함), 언론인 160명, 교육인 35명(대학교 총장과 교수 포함) 그리고 아데나워 가족 11명 등, 총 3,113명의 독일인이 1946-50년에 꼬 모임에 참석했다.

기만으로는 충분하지 않았다. 서구 생활 방식의 내적 변화가 필요했다.

"우리는 수백만 유럽인의 삶에 새로운 이념적 콘텐츠를 줄 필요가 있다."라고 그는 동료 저녁 손님에게 말했다. 그리고 그는 "우리 모두는 주요 문제에 대한 해결책을 찾기 위해 깊은 내적 변화에 도달할 필요가 있다."고 덧붙였다.

부께이는 버크먼의 많은 연설을 모아 출판된 『**세상을 다시 만들기**(Re-making the World)』|[62]라는 책에서 말하는 버크먼의 언어와 쉬망의 언어가 얼마나 서로 반향을 불러 일으켰는지 인식했다. 순간적인 충동으로, 부께이는 쉬망에게 버크먼 책의 프랑스어 판에 서문을 써 줄 수 있는지 물었다.

쉬망은 그 제안을 받아들이면서 하지만 내년 초가 되어야 시간을 낼 수 있을 것이라고 말했다.

나중에, 이러한 부께이와 쉬망의 대화를 들은 버크먼은 쉬망에게 콘라드 아데나워와 함께 그 해 여름에 가능하다면 꼬를 방문하도록 초대하는 편지를 썼다. 두 사람 모두 그렇게 하기를 열망했다.

하지만 아쉽게도 정치적인 일정으로 인해 그들은 둘 다 1949년 여름, 꼬에 갈 수 없었다.

---

[62] Frank Nathan Daniel Buchman, *Remaking the world: The speeches of Frank N.D. Buchman* Blandford Press, 1947 _역자 주

실제로, 그 해 여름은 파리에서 독일의 통일과 관련한 열매 없는 회의를 가진 쉬망에게는 실망스럽고 좌절되는 시간이었다. 프랑스 동료들을 통일된 유럽으로 이동시키려는 그의 모든 노력은 민족주의적 혹은 전통적인 시각으로 좌절되었다.

그 해 가을, 루이 부께이는 다시금 쉬망을 저녁 식사에 초대했는데 이번에는 프랭크 버크먼을 만나는 모임이었기에 다소 낙담해 있던 쉬망은 그 초청을 기꺼이 받아들였다.

만찬 손님들이 식사를 시작하자, 부께이는 쉬망과 버크먼을 그의 식탁에 모신 것이 영광이라고 말했고 쉬망은 이렇게 화답했다.

"내가 인류에게 어떤 것을 기여했다면, 나는 또한 내 일의 많은 부분이 파괴되고 좌절되었다는 것도 인정해야만 합니다. 그러나 버크먼 박사는 가장 중요한 부분인 인간의 삶이라는 한 부분에 노력을 집중했기 때문에 그의 사역이 성공하고 전 세계로 확산되는 것을 보는 기쁨이 있다고 봅니다. 정치인이 원대한 계획을 제안할 수는 있지만, 사람의 마음에 큰 변화가 없다면 그 계획을 실행할 수 없습니다."

버크먼을 돌아보면서, 그는 계속 말하였다.

"그것은 당신의 일이며, 저도 평생 하고 싶은 일입니다."

대화가 테이블 주위에서 진행되면서, 쉬망은 이 복음전도자와 점점 더 많은 신뢰의 유대감을 느꼈다. 그는 버크먼에게 어떤 문제에 대한 조언을 구했다.

쉬망은 몇 년간 정치에서 떠나 자신의 삶이 준 교훈에 대해 책을 쓰고 싶었다고 설명했다. 그는 자신을 환영해 줄, 도서관을 가진 조용한 수도원을 알고 있었다.

"나는 그곳에서 최선을 다할 수 있습니다. 어떻게 해야 할까요?"

버크먼은 이 프랑스인의 눈을 바라보며 잠시 후 말을 꺼냈다.

"쉬망 씨, 당신의 마음 속은 무엇을 해야 한다고 생각하십니까?"

한 순간 쉬망은 손을 위로 내밀며 의자에 기대고는 웃었다.

"물론이지요! 저는 제가 있는 이곳에 머물러야 함을 압니다!"

그리고 나서 쉬망은 진지해졌다. 그는 마음속 깊이 자신이 무엇을 해야 하는지 알고 있다고 고백했다. 하지만 두려워했다.

쉬망은 룩셈부르크, 독일, 로렌의 국경지역에서 자라난 자신의 배경에 대해 말했다. 그는 프랑스와 독일인의 사고방식과 그들의 문제를 알고 있었다. 그는 두 나라 사이의 증오를 종식시키는 데 자신이 중요한 역할을 하고 있다는 것도 알고 있었다.

"하지만 저는 그것에 대해 움츠러듭니다."

쉬망이 말했다. 버크먼은 조용히 그가 있는 곳에 머물러야 한다고 말했다.

"하나님 아래, 그곳이 당신의 자리입니다."

쉬망은 계속했다.

"저는 새로운 독일에 누구를 믿어야 할지 모르겠습니다."

그러면서 한 달 전에 새로 창설된 독일연방공화국의 총리가 된 아데나워만 만났다고 덧붙였다.

버크먼은 그에게 12개의 명단을 주겠다고 약속했다.

"꼬에 훌륭한 분이 있습니다!"

쉬망은 몇 주 내에 독일을 공식 방문할 예정이었다.

"저는 그분들을 찾아보겠습니다."라고 버크먼에게 약속했다.

1950년 1월 13일, 본(Bonn) 중앙역에 기차가 들어올 때는 겨울이라 매우 을씨년스러웠다. 환영하기 위해 추위에 맞서 두꺼운 옷을 입은 한 외톨이 인물은 아데나워 총리 자신이었다. 예식도 없이 그는 쉬망과 그의 동료 장 모네를 대기 중인 차로 급히 안내했다.

그 차가 역을 빠져나오자, 아데나워는 자신의 무뚝뚝함에 대해 사과했지만, 그는 프랑스 외무부 장관에 대한 공격을 두려워했다고 설명했다. 자르를 흡수당할 위기에 처한 독일인이 프랑스인에 대한 감정이 고조되고 있다고 그는 설명했다.

독일과 프랑스는 미래에 협력할 것이라고 믿었다는 쉬망의 반응은 차의 분위기를 상당히 완화시켰다.

그러나 이것은 쉬망이 버크먼과 '꼬에서 온 탁월한 신사들'을 만나는 것에 대해 이야기할 때 상상했던 문맥과는 달랐다. 쉬망은 외무부 장관으로서 자르 문제를 물려받았으며, 그 이슈는 계속 악화되었다. 만약 이 문제를 섬세하게 다루지 않는다면, 그것은 모든 프랑스—독일 관계를 감염시킬 수 있고 화해와 협력을 가져오기 위한 다른 모든 노력을 방해할 수 있었다.

프랑스 로렌의 접경지대인 자르 강 계곡을 따라 있는 자르 지역은 광물이 풍부하고 공업화되어 있었다. 루르 지역과 함께, 그곳은 산업 혁명의 주요 중심이었고, 1800년대 초부터 독일 군대를 위한 군수품의 원천이었다. 전쟁 후, 자르는 프랑스가 관리하는 보호막이 되어 있었다. 독일의 다른 지역과 마찬가지로, 승자는 잠재적으로 위협적인 산업을 조직적으로 해체하여 종종 독일인의 깊은 분노를 야기했다.

70년 동안 주로 자르 산업의 지원을 받으며 세 차례나 독일의 침략을 받은 희생자로서, 프랑스인은 그 영토에 대한 도덕적 주장을 느꼈다. 석탄 매장량이 많기 때문에 프랑스는 로렌의 국경 너머에 있는 철강산업을 먹여 살리기에 자르가 특히 매력적이었다.

이제 자르 문제는 쉬망이 서로 신뢰하는 버크먼과의 공통된 연계를 바탕으로 자신의 희망을 구축하기 시작한 유일한 개인적 관계를 위협하는 듯 했다.

모네는 그의 회고록에서 본 회의의 차디찬 분위기를 언급하면서 쉬망에게 그들이 1차 세계대전 이후와 같은 실수를 독일에 저지를 수도 있다고 경고했다.

이 특별한 방문은 자르와 관련된 어떤 것도 해결하지 못했지만, 쉬망이 어느 날 독일로 다시 올 수 있다는 인상은 아데나워에게 남아 있었다. 아데나워는 나중에 그 회의가 상호 신뢰의 분위기로 끝났다고 묘사했다.

하지만 두 달 안에 프랑스 정부가 자르를 프랑스에 통합하려고 했을 때, 아데나워는 매우 화가 났다. 몇 주 후에 버크먼의 몇몇 친구들이 총리를 방문했을 때, 그는 쉬망을 '거짓말하는 알자스 시골뜨기'라고 부르지 않을 수 없었다.

방문자들은 총리가 외교적으로 쉬망을 어떻게 변화시킬 수 있는지 물었다. 아데나워는 다시 침착하게, 꼬에서 배운 것을 반복하면서 "나도 좀 더 변화할 필요가 있습니다."라고 말했다.

쉬망 역시 꼬의 메시지를 심사숙고할 명분이 있었다. 가벼운 독감을 핑계로 약속된 버크먼 책의 서문을 쓰기 위해 일상적인 일에서 떠나 휴식을 취했다.

정치의 좌절을 너무나 잘 알고 있는 쉬망은 정치가들이 '세계를 다시 만드는' 데 어느 정도만 성공했을 뿐이라는 것을 인정하면서 시작했다. 그러나 도덕재무장운동이 가져다 준 것은 삶의 철학이 행동으로 나타났다는 것이다. 그 후 그는 버크먼의 프로그램을 다음과 같이 설명했다.

우선 진정한 형제간의 화합으로 번성할 수 있는 도덕적 분위기를 조성하여, 오늘날 세상을 갈라놓는 것을 넘어서는 것, 그것이 당면 목표이다.

사람과 이슈에 대해 지혜를 얻는 수단은 사람을 공공 집회에서나 모임에 초청하는 것이다.

국가에 대한 봉사를 위해 훈련된 사람, 화해의 사도 그리고 새 세계의 건설자로 이루어진 팀을 제공하는 것, 이것이 지난 15년간 전쟁으로 잿더미가 된 사회를 광범위하게 변혁하는 시작이며, 이미 첫 번째 단계는 만들어졌다.

그러나 1950년 4월말 고향인 씨-샤젤르에서 주말 휴가를 보내기 위해 파리에서 기차를 탔을 때 진정한 형제애와 사회에 대한 광범위한 변화는 그 어느 때보다도 멀리 떨어진 것처럼 보였다.

봄은 왔으나 독일과의 냉랭한 관계는 누그러지지 않았다. 쉬망은 자신이 어디로 방향을 바꾸든 궁지에 몰린 기분이었다. 아데나워와 쉬망 둘 다 화해의 사도로 행동할 의지가 있었다. 그러나 그들은 훗날 쉬망이 '운명의 끔찍한 저당: 두려움'이라고 묘사한 것을 극복할 정치적 수단을 찾을 수 없었다. 그들은 일종의 심리적 도약, 즉 돌파구가 필요했다. 곧 있을 미국 및 영국 외무부 장관과의 중요한 회의 또한 그의 마음을 짓눌렀다. 그가 독일에 대해 어떤 긍정적인 정책 제안을 할 수 있었을까?

기차 복도에서 들린 급한 발걸음 소리에 생각은 중단되었다. 그의 방문이 미끄러져 열리면서 그는 비서관의 익숙한 목소리를 들었다.

"장관님, 제발 **모네의 이 글**을 읽어 보세요. **매우 중요합니다!**"

모네의 제안은 1950년 5월 9일, 쉬망의 정치 경력의 최고점인 쉬망 선언(Schuman Declaration)으로 직행했다. 쉬망은 1953년 1월까지 외무부 장관을 지냈고, 그 후 잠시 법무부 장관을 역임했으며, 그 후 대법관을 지냈다.

쉬망은 마침내 1953년에 꼬를 방문하고 싶은 그의 소원을 성취했고 그것을 그의 인생에서 가장 위대한 경험 중 하나로 묘사했다. '프랑스와 독일의 새로운 관계가 가능했던 분위기'를 만든 프랭크 버크먼의 공헌을 인정하여 쉬망은 그를 명예의 전당에서 기사작위를 수여했다. 그는 1961년 이 복음전도자가 세상을 떠날 때까지 버크먼의 사역을 지지했다.

아데나워도 그에게 독일 공로 훈장을 수여함으로써 버크먼과 MRA 운동의 역할을 인정했다. 「뉴욕 헤럴드 트리뷴」의 한 기사에서 아데나위는 최근 어렵고 중요한 국제 협정에서 MRA의 역할을 '협상 당사자들 간의 의견 차이를 연결하는 데 보이지 않지만 효과적인 부분이며, MRA는 위대하고 지속적인 서비스를 제공했다.'고 설명했다.[63]

1958년에 로베르 쉬망은 새로 구성된 유럽회의의 의장으로 임명되었고, 이것은 나중에 유럽의회가 되었다. 1960년 건강 때문에 은퇴했을 때, 그는 유럽의회에서 기립박수로 '유럽의 아버지'로 칭송 받았다. 쉬망은 샤를마뉴상을 포함한 많은 다른 영예를 받았다.

뇌동맥경화증으로 그는 1963년 76세의 나이로 세상을 떠날 때까지 씨-샤젤르에 있는 그의 집에 머물러 있었다.

---

63 1951년 6월 4일

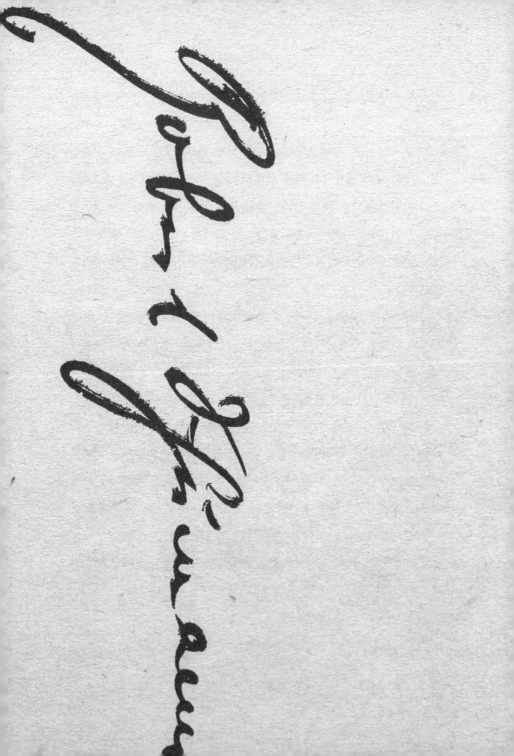

part 2

5.
무슨 일이
일어났는가?

오늘날 유럽연합은 계속해서 회원국을 끌어들이고 있으며 폭력을 대화로 대체하고 60여 년 동안 평화를 유지해 왔다. 그러나 그것이 '기독교 기본가치에 깊이 뿌리내린 사람의 공동체'라는 쉬망의 원래 꿈에 부응한다고 주장하는 사람은 거의 없을 것이다. 그 꿈은 어떻게 된 것일까?

지난 60여 년 동안 유럽의 압도적인 경향은 분명히 세속화 중 하나였으며, 그것은 유럽연합 정책 수립의 일반적인 분위기에 반영되어 왔다. 많은 사람은 성경적 가치가 시대에 뒤떨어지고, 어색하며, 진부하고, 부적절하다고 생각한다. 세속주의자와 유럽인이 더 계몽적이

되면서 종교는 서서히 주변으로 밀려나게 될 운명이라고 생각했다.

그러나 그 가정은 근거가 없는 것으로 판명되었다. 이제 '후-세속화(post-secular)'라는 용어가 우리 시대를 묘사하기 위해 점점 더 많이 사용되고 있다. 하나님과 종교는 최근 언론에서 논의된 주제인 유럽 무대로 다시 돌아오고 있다. 유럽에서 이슬람의 새로운 존재는 종교와 정치에 대한 논쟁이 다시 떠오르게 하는 한 가지 요인일 뿐이다.

1950년 이후 유럽연합의 발전에 대한 간단한 조사는 우리가 그 꿈에 무슨 일이 일어났는지 이해하는데 도움을 줄 것이다.

1950-2010년 유럽연합의 역사

1950년 5월 9일, 쉬망의 선언은 사실상 하룻밤 사이에 5억 명의 유럽인들이 오늘날 서로 평화롭게 살고 있는 유럽이라는 개념적 건축물을 만들어 낸 극적인 돌파구였다. 그것은 태생적으로 오늘날의 유럽연합으로 확장될 요소를 포함하고 있는 겸손하지만 구체적인 조치였다. 많은 협상과 협의 끝에, 1951년 4월 18일 파리조약을 통해 유럽석탄철강공동체가 탄생하게 되었다. 프랑스, 서독, 이탈리아, 벨기에, 룩셈부르크 그리고 네덜란드가 창립 회원국이었다.

파리조약에 의해 설립된 기관은 여전히 오늘날 유럽연합의 4대 기둥이다. 고위당국자모임(The High Authority[현 유럽위원회, European Commission]), 장관위원회(Council of Ministers), 총회(Common Assembly) (현 유럽의회

European Parliament) 그리고 사법재판소(Court of Justice)이다.

이 모임의 초기 성공은 1957년 로마 조약을 통해 회원국 간의 협력을 유럽경제공동체(European Economic Community: EEC)로 확장시키는 결과를 낳았다. 더 정확히 말하면 로마 조약이다. 동시에, 핵에너지 개발, 유럽원자력에너지공동체(Euratom: European Atomic Energy Community) 및 관세 동맹을 위한 협력이 체결되었다.

이러한 발전 뒤에는 프랑스가 계속해서 주도권을 가지고 중요한 역할을 했다. 공산주의자와 드골주의자(민족주의자)가 양 극단을 선동하고 기독교 민주당과 사회주의자들이 중원에서 협력하는 가운데, 이는 현대의 프랑스 정치계의 변덕스러운 성격을 고려하면 더욱 놀라운 일이다. 연약한 친유럽 주요 국가는 극단에 의해 충분히 흔들릴 수 있는데, 이는 제안된 유럽방위공동체의 거부를 야기했고, 가울리스트들은 이를 '정복한 자와 피정복자의 평등권을 요구하는 유일한 알려진 예'라고 비난하였다.

1958년 민족주의자인 드 골은 모든 유럽 조약을 강력하게 반대하면서 대통령이 되었지만 그 후에 그는 즉각 이 조약을 승인함으로써 모두를 놀라게 했다. 그가 이렇게 180도 바뀐 것의 논리는 프랑스의 '유전적인 적'을 억제하는 가장 좋은 방법은 그를 포용하는 것이었다.

드 골은 당시 최고의 친유럽인 동시에 반유럽인으로 그의 유럽 동료들을 당황하게 했다. 1960년대에 유럽 프로젝트의 심화에 그가 헌신했으나 영국이 가입하는 것을 통해 그것을 확대하는 것에 대해서는 격렬히 반대했다. 쉬망의 의식적인 기독교적 가치를 결코 공유하지 않았던 이 장군은 어떤 형태의 초국가적 통합과 프랑스 주권의 상실에 대해서도 지속적으로 적대적이었다. 미국이 통제하지 않는, 강한 유럽, '유럽인의 유럽'에 대해서는 지지를 선언하였으나 유럽 기관에 대한 두려움 때문에 의사결정 과정이 지연되었다. 일각에서는 드 골 총리가 유럽의 프로젝트를 20년 정도 지연시키고 유로 마비(europaralysis)를 크게 증가시켰다고 비난하고 있다.

1967년, 로마 조약의 공동체는 합병 조약을 통해 유럽공동체(EC: European Community)라고 불리는 집단 정체성으로 통합되었다.

1973년 드 골 대통령에 이어 퐁피두(Pompidou) 대통령은 덴마크, 아일랜드 및 영국 등 새로운 회원국의 신규 가입을 환영했다. 좌익인 서독의 파트너 빌리 브란트(Willy Brandt)와는 결코 타협하지 않으면서, 영국을 독일의 영향력에 대한 균형감각으로 간주하여, 공동체의 어떤 초국가적 발전은 맹렬히 공격하는 등 힘의 균형감각으로 되돌아갔다.

그러나 그의 후계자인 지스카르 데스탱(Giscard d'Estaing)은 그 다음해에 헬무트 슈미트(Helmut Schmidt)와 협력하여 이 공동체를 경제적으로 그리고 정치적으로 발전시키기 위해 프랑스–독일 관계를 새롭게 했다. 유럽 통화 제도는 참가국의 통화를 연결시켜 이후 유로화의 도입을 향한 첫 걸음을 내디뎠다. 1979년, 회원국 유권자들은 유럽의회 선거에서 유럽 수준에서 직접 투표할 수 있는 첫 번째 기회를 가졌다.

1981년에 그리스는 유럽공동체의 10번째 회원국이 되었다. 같은 해, 1956년 법무부 장관으로서 쉬망의 뒤를 이어 떠오르는 정치인이 있던 프랑수아 미테랑(François Mitterrand)이 프랑스 대통령으로 선출되었다. 당시 60세가 넘은 미테랑은 1995년까지 가장 오래 집권한 프랑스 대통령이었다.

쉬망과 달리 미테랑은 비시 정권에 기꺼이 봉사했다. 그러나 전쟁이 끝난 후 그는 쉬망의 방문 이전에도 프랑스 대표단으로 꼬를 방문했다. 한 해설자는 그의 삶을 '엄청난 물음표'으로 표현했고, '모순의 원칙을 받아들이지 않은 사람'으로 묘사했다.[64]

미테랑은 노트르담 대성당을 완전히 덮을 정도로 큰 그랑 아르세 드 라 디팡스(La Grande Arche de la Défense)와 같은 웅장한 건축 기념물을 파리에 짓기 시작했다. 조지 웨이글(George Weigel)은 그의 책 『큐브와 성당(The Cube and the Cathedral)』에서 이 '기념물'을 신앙보다 이성이 우위에 있음을 나타내는 의도적 인본주의적 진술로 해석하면서 기독교에 대해 '완전히 적대적'인 세속적인 문화를 반영하는 것으로 본다.[65] "유럽인은 현대적이고 자유롭기 위해서는 극단적으로 세속적이어야 한다고 스스로 확신시켰다."고 웨이글은 썼다. "이러한 신념과 그 공적인 결과는 현대 유럽의 도덕적 문명의 위기를 낳았다."

---

64 Jean—Louis Bourlanges, in Bond, Smith & Wallace, 1996, p. 130—132.

65 George Weigel, *The Cube and the Cathedral: Europe, America and Politics without God* Basic Books, 2006. _역자 주

유로스클레로시스(Eurosclerosis: 유럽식 경기침체 현상)는 1980년대 중반 최고조에 달했다. 확대는 보류되었다. 민주주의적 적자, 경제 문제 그리고 유럽연합 프로젝트에 대한 영국의 거부권은 광범위한 무관심과 비관주의를 낳았다.

그러나 1985년 자크 들로르(Jacques Delors)[66]가 유럽위원회의 위원장으로 브뤼셀에 도착하면서 반가운 변화가 일어났다. 인터내셔널 헤럴드 트리뷴은 들로르가 유럽공동체를 침체에서 구해 준 공로를 인정하였다.

그는 유럽 비관론이 최악일 때 도착했다. 비록 그는 잘 알려지지 않은 전직 프랑스 재무부 장관이었지만, 그는 유럽공동체와 냉담한 브뤼셀 위원회에 생명과 희망을 불어넣었다. 1985년부터 1988년까지 첫 임기 동안, 그는 단일 시장의 요구에 맞춰 유럽을 재집결시켰고, 두 번째 임기에 임명되었을 때, 그는 유럽인에게 경제, 통화, 정치 연합이라는 훨씬 더 야심찬 목표를 추구하도록 촉구하기 시작했다.[67]

그가 도착한 직후, 셍겐협정(Schengen Agreement)은 몇몇 회원국과 비

---

66 자크 뤼시앵 장 들로르(Jacques Lucien Jean Delors: 1925–)는 프랑스 경제학자이자 사회당 정치인이다.

67 Giles Merritt, writing in the IHT, Jan 21, 1992.

회원국 간에 여권 검사 없이 국경을 개방했다. 그 이듬해 스페인과 포르투갈이 회원으로 가입하면서 원래 크기를 두 배로 늘리며 유럽 프로젝트는 가속도가 붙었다.

들로르는 유럽위원회 위원장직을 3번이나 수행했다. 1985년에서 1994년 사이로 가장 긴 임기였다. 많은 사람은 그의 위원회가 유럽연합 역사상 가장 성공적인 것으로 보고 있다. 그는 한 회원국이 진전을 저해할 수 있는 거부권을 깨뜨리기 위해 자격을 갖춘 다수결 투표제를 도입했다. 그의 첫 번째 위원회는 유럽 통합 과정에 새로운 추진력을 불어넣었고 유로화의 기반을 더 굳건히 했다.

그는 유럽 프로젝트를 구체화하기 위해 왔고, 그것의 미래적 방향에 광범위한 믿음과 신뢰를 심어 주었다.

1989년 11월, 철의 장막이 무너져 유럽과 세계의 정치 지형이 완전히 새롭게 되었을 때 미테랑은 여전히 프랑스 대통령이었고 들로르는 이전에 경제부 장관이었으나 유럽위원회 위원장이었다.

일부 불안한 프랑스 정치인(그들은 독일을 너무 사랑하여 두 개의 독일을 선호한다고 했지만)의 저항에도, 두 개의 독일이 재결합하여 유럽연합의 추가적인 확장을 위한 길을 열었다.

유럽공동체의 안전, 복지 그리고 가치를 추구하는 많은 과거 공산주의 위성국과 함께 코펜하겐 기준은 회원가입에 합의했고 협상이 시작되었다. 각 신청국은 '민주주의를 보장하는 기관의 안정성, 법치, 인권, 소수자들에 대한 존중과 보호, 시장 경제의 기능적 존재 그리고 유럽연합 내의 경쟁 압력과 시장의 힘에 대처할 능력'을 달성해야 했다.

들로르와 그의 위원은 1993년 11월 1일에 체결된 마스트리히트 조약에 대한 길을 마련했는데, 그 후 이 조약은 공식적으로 유럽연합으로 알려지게 되었다.

2년 후, 오스트리아, 스웨덴 그리고 핀란드가 브뤼셀 클럽에 가입하여 회원국 수는 15개국으로 증가하였다.

비록 사회주의자임에도 자크 들로르는 쉬망이 그랬던 것처럼, 자신의 가톨릭 신앙을 공공연히 실천함으로써 오랜 세속적인 전통에 도전했다. 그는 유럽 시민, 특히 유럽의 종교 지도자에게 '유럽의 영혼'을 추구하기 위해 노력하도록 요청하면서 만약 브뤼셀이 유럽연합에 영적인 차원을 발전시킬 수 없다면 실패할 것이라고 주장했다. 쉬망의 초기 경고를 반영하듯 그도 유럽연합은 단지 법률 체계와 경제에만 근거해 성공하지는 않을 것이라고 강조했다.

유럽위원회의 위원장으로서 그의 마지막 공식적인 말은 "만약 우리가 다음 10년 동안 유럽에 영혼과 의미를 부여하지 않는다면, 게임은 끝날 것이다."이었다.

이 들로르 위원회의 성공은 1995년에 그를 이은 상떼(Santer) 위원회와 대조되는데 그는 부정부패 혐의로 사임해야만 했다.

로마노 프로디(Romano Prodi)가 이끄는 다음 위원회도 12개 회원국에 유로 지폐와 동전이 도입된 2002년의 또 다른 역사적 이정표를 감독

했음에도 들로르 기준에 맞추지 못했다. 2009년까지 16개국으로 확장된 유로존은 로마 조약 이후 유럽의 가장 중요한 이니셔티브였다.

프로디 집행위원회는 또 2004년에 키프로스, 체코, 에스토니아, 헝가리, 라트비아, 리투아니아, 몰타, 폴란드, 슬로바키아, 슬로베니아가 가입한 역대 최대 규모의 연합체 증축을 주관했다. 루마니아와 불가리아도 2007년에 가입 허가를 받아 단 3년 만에 회원이 거의 두 배로 늘어났다. 이러한 추가는 유럽의 이상을 심각하게 희석시키고 너무 빨리 움직인다는 이유로 널리 비판을 받았다. 그 계획은 그 성공의 무게를 견디지 못하고 실패할 것이라는 우려가 있었다.

원래 6개의 국가를 위해 만들어진 오래된 규칙은 과감한 개정을 필요로 한다는 것이 명백해졌다. 마스트리히트(1992), 암스테르담(1997) 그리고 니스(2000)의 정상회담은 훨씬 더 확대된 회원국에 대처할 수 있을 정도의 절차와 구조를 조정하는 데 실패했다. 이러한 필요성을 해결하기 위해 2004년 로마에서 유럽 헌법을 제정하는 조약(Treaty establishing a Constitution for Europe)이 체결되었고 모든 회원국의 비준을 받았다.

한편으로는 브뤼셀과 국가 정부 그리고 다른 한편으로는 일반 대중들 사이의 격차는 처음에는 프랑스인이 그리고 그 후 네덜란드가 국민투표에서 논란이 되고 있는 제안을 거절했을 때 매우 명백해졌다.

하나님 또는 유럽에서 유대-크리스천 유산에 대한 언급이 눈에 띄게 없었던 헌법은 보류되었다. 마침내 2009년 12월 1일, 쉬망 선언

60주년 바로 몇 달 전에 리스본 조약이 체결되어, 개혁안의 잔재를 구하고 유럽평의회의 상임 대통령직을 창설했다.

만약 쉬망이 오늘 그것을 볼 수 있다면 유럽연합에 대해 어떻게 느낄까? 아마 60년 동안 그가 직접 경험한 두 번의 전쟁이 없었기에 그는 매우 감사할 것이 많을 것이다. 브뤼셀과 스트라스부르에 있는 특별히 지어진 시설에서 많은 언어에서 끊임없이 일어나는 모든 종류의 주제에 대한 협의와 함께, 경제 및 정치 협력의 수준은 그에게 거의 압도적으로 놀라울 것이다.

그러나 그의 주된 관심사는 자크 들로르가 유럽의 영혼을 되찾기 위해 싸우다 실패했던, 잃어버린 영적 차원일 것이다.

유럽의 '영혼'에 대한 이야기는 쉬망이 사망한 그 해에 자신의 탄원을 그대로 반영했다. 그는 새로운 유럽의 떠오르는 정체성은 '경제적이고 기술적인 기업으로 남을 수 없고 남아서도 안 된다. 그것은 영혼, 즉 그것의 역사적 우호와 현재와 미래의 그것을 책임지는 양심 그리고 동일한 인간 이상을 위한 정치적 의지가 필요하다.'라고 썼다.[68]

비록 '기본적인 기독교 가치'가 유럽의 많은 기관을 형성했지만, 오늘날 유럽의 물질주의적 가치관의 우세와 즉각적인 만족, 감각적 쾌락 그리고 사소한 일에 대한 추구는 유럽의 미래에 대한 깊은 우려를 야기시킬 것이다. 금융권에서 탐욕의 잘못된 윤리, 유아 자살, 산전

---

68 Schuman. p. 58.

유아 살해(낙태), 자살 원조(안락사), 저출산율, 자살률 증가 등은 깊은 영적 빈곤의 신호가 될 수 있다.

유럽 운동은 '향후 세대가 그 정신적 근원에서 떠나 사회를 타락시킨 물질주의의 유혹을 잘라낼 수 있어야만 성공할 것이다.'라고 말한 후, 그는 오늘 무슨 결론을 내릴 것인가?[69]

그럼 크리스천의 '역할'은 무엇이었는가?

우리가 보아온 것처럼 독실한 기독교인은 여러 단계, 특히 가톨릭 신자들을 중심으로 전개 과정에 관여해 왔다. 기독교 민주주의 운동은 유럽연합의 사고와 언어인 '보충성(subsidiarity)'과 '연대성(solidarity)'에 깊은 영향을 끼쳤는데 이 두 단어가 특히 기독교적 기원을 두고 영구히 채택된 용어이다. 가령 보충성의 이면에 있는 도덕적 원칙은 한때 '다른 사람의 책임을 훔치는 것은 잘못된 것'으로 묘사되었다.

주류 교회 지도자는 정기적으로 상임위원장과 오랜 기간 동안 공식적인 관계를 유지해 왔다. 가톨릭 주교들과 에큐메니칼 교회 지도부는 브뤼셀에 영구적인 로비 사무실을 유지하고 있고 유럽연합 정책과 결정의 틀을 짜기 위해 적극적으로 의견을 제시하는 일에 참여했다. 리스본 조약 제51조는 교회 및 비종교 단체의 지위를 다루고 있으며,

---

69 각주 2를 보라.

'이 교회 및 단체와의 개방적이고 투명하며 정기적인 대화'를 보장하고 있다.

기독교인은 유럽연합에서 중요한 역할을 수행해 왔으며 가능한 영향력을 발휘했다. 유럽 정상회의 초대 의장이었던 벨기에 출신 헤르만 판 롬파위(Herman van Rompuy)와 유럽의회 의장이었던 폴란드의 제르지 부제크(Jerzy Buzek)는 신실한 그리스도인이다.

판 롬파위는 정기적으로 수도원에 가서 기도와 명상의 시간을 가진다. 터키의 유럽연합 가입 문제에 대해 그는 '유럽에서 시행되고 있고 기독교의 근본적 가치인 보편적 가치가 터키와 같이 큰 이슬람 국가의 진입으로 활력을 잃게 될 것은 사실'이라고 말했다.

2011년 후반의 심각한 경제 위기 와중에, 부제크는 유럽의회 조찬 기도회에 참석한 청중에게 기독교인은 소금과 빛이 되어야 할 특별한 책임이 있음을 상기시켰다. 일부 사람은 오늘날 어떤 사람은 기독교적 유산이 단순히 존경스럽지만 쓸데없는 역사적 문화라고 보았지만, 그의 견해에 따르면, 이 유산은 이해를 위한 관용과 개방을 만들어 낸 것이었다.

그는 "우리가 포기하면 민족주의와 특수주의(자기 이익)에 의해 부식된 영적 공허함으로 대체될 것"이라고 경고했다.

수년에 걸쳐, 많은 국가의 수많은 기독교인이 유럽의회 의원과 유럽위원회의 여러 부서에서 일했다. 1991년 유럽위원회 건물을 방문한 필자는 여기서 일하는 그리스도인이 정기적으로 기도하기 위해 모이는 네트워크가 있음을 알게 되었다.

복음주의자들이 브뤼셀에서는 '주류' 기독교인보다 훨씬 낮은 참여를 보였는데, 이들은 종종 유럽 인구의 더 작은 비율로, 아마도 총 1,500만 명 정도로 여겨진다. 하지만 그것은 네덜란드의 인구와 거의 맞먹는데, 네덜란드 사람은 브뤼셀에서 눈에 띄는 인상을 주는 듯하다.

나중에 유럽의회에서 1인 정당인 유로파 **트랜스파란트**(*Europa Transparant*)로 활동했던 파울 판 바우터는(Paul van Buitenen)의 이야기 또한 한 사람이 큰 개인적 대가를 치를지라도 무엇을 할 수 있는지를 보여 준다. 내가 10년 전에 브뤼셀에서 그를 처음 만나기 직전에, 전 프랑스 총리인 에디트 크레송(Edith Cresson)이 연루된 부패와 정실주의(情實主義 cronyism)에 대한 그의 폭로는 자크 상떼(Jacques Santer)의 유럽위원회 전체를 사임하게 만들었다. 그 당시에 그는 유럽위원회 사무직 근로자 수천 명 중 한 명일 뿐이었다. 그러나 그의 주장이 사실임을 증명하기 전에, 판 바우터는은 정직되었고, 그의 월급은 반으로 줄었으며, 징계 처분을 받았다.

그의 처우에 대한 대중의 분노는 결국 1999년 3월에 위원회의 붕괴를 낳았다. 그 후에 그는 「리더스 다이제스트(*Reader's Digest*)」와 호주 방송위원회에 의해 '올해의 유럽인'으로 선정되었다.

그의 스캔들이 폭로되기 3년 또는 4년 전에, 판 바우터는은 신자가 되었다. 진실과 정의의 하나님에 대한 그의 개인적인 헌신은 그가 유럽위원회에서 계속해서 겪었던 냉랭하고 돌담같이 딱딱한 분위기에도 수년간 그가 조사할 수 있는 원동력이었다.

판 바우터는은 계속 싸웠다. 2004년부터 2009년까지의 국회 임기 동안, 그는 유럽연합 기구의 많은 부패 사례를 폭로했다. 그러나 이러한 폭로 중 어느 것도 유럽연합의 반부패 부서인 OLAF[70]에 의한 추가적인 조사를 이끌어 내지 못했다. 대신 판 바우터는은 유럽위원회, 의회 및 OLAF가 그저 다른 방향만 본다고 불평했다. 적절한 독립 기구에 의해 OLAF의 감독을 강화하자는 제안이 받아들여지지 않은 후, 판 바우터는은 유럽의회에 다시 출마하지 않기로 결정했다.

그러나 유럽연합은 유럽 수준에서 민주적인 구조, 견제 및 균형이 필요하다. 판 바우터는과 같은 예언적인 목소리가 광야에서 계속 외치기만 한다면, 유럽의 프로젝트는 잘못된 방향으로 향하고 있다.

프레드 카서우드 경(Sir Fred Catherwood)은 또 다른 이야기다. 일반적으로 유럽연합에 대해 회의적인 영국 복음주의 세계에서 다소 독특한 인물인 그는 영국 복음주의연합회 회장을 지냈으며 1989년에서 1992년까지 유럽의회 부의장도 역임했다. 그의 저서인 『프로 유럽?(Pro-Europe?)』에서 유럽연합을 형성하는 데 있어서 기독교인의 참여가 필요함을 증명했다.

1992년 브뤼셀에서 열린 유럽 전역의 복음주의 지도자들의 모임인

---

70 Office européen de lutte antifraude의 약자임. _역자 주

*Europa 92*에서 프레드 경은 메모도 없이 유럽 역사에 대한 파노라마적 전망을 공유했는데, 이것은 왜 기독교인이 유럽의 미래를 만들 책임이 있는지 분명히 했다.

유럽의 연합은 2000년에 걸쳐 점진적으로 발전하고 적용되었던 삶에 대한 공통된 기독교적 시각에서만 가능했다고 그는 서두를 시작했다. 그것은 북부 부족들의 전쟁과 같은 이교주의, 통치자들과 권력자들의 탐욕과 야망을 억제했다. 유럽인권협약의 기독교적 영감에서 증명되듯이, 기독교의 영향력은 우리 유럽에 압도적인 영향력을 가지고 있었다. '각 항목을 하나씩 살펴 보면 기독교 교리가 그것을 뒷받침하는 것을 발견할 수 있을 것이다.'라고 그는 참석한 모든 사람에게 도전했다.[71] 교회와 개인 기독교인의 많은 결점이 무엇이든 간에 기독교 신앙의 누룩이 우리 사회라는 덩어리를 2000년 동안 부풀게 해 왔다.”고 그는 강조했다.

우리는 심지어 합리적인 과학도 기독교 신앙에 빚지고 있다고 그는 주장했다. 400년 전, 기독교인은 하나님의 말씀인 성경을 접하게 되자 겸허하게 그분의 작품인 창조의 책도 접하게 되었다. 그들은 우리가 현대 자연과학에서 얻을 수 없었던 어떤 전제를 가지고 왔는데 그것은 바로 만신전(萬神殿, pantheon)이 아니라 한 분 하나님이 계신다는 것이다. 그래서 우주에는 하나의 자연 법칙이 존재할 것이고, 충돌하

---

71 부록 III 참조.

는 법칙이 없을 것이다. 자연 법칙의 이러한 통일성은 과학적 방법의 한 기둥이다.

무엇보다도, 우리는 우리의 유익을 위해 우주를 우리에게 주신, 적대적인 신이 아닌 선하고, 온화한 하나님을 믿었다. 그러므로 우리는 과학의 창시자인 프랜시스 베이컨(Francis Bacon)[72]이 말한 것처럼 '인간 재산의 구제(relief of man's estate)'를 위한 법을 마련해야 했다. 그래서 자연과학은 아프리카나 아시아가 아니라 유럽에서 생겨난 것이다. 이교도들은 하나의 신을 믿지 않고 많은 신을 믿었다. 그들은 질서정연하고 합리적이며 안정된 우주를 믿지 않았다. 만약 이교주의가 지배했다면 과학은 불가능했을 것이라며 그는 '이 부분에 대해 매우 분명히 하자.'고 주장했다.

마찬가지로, 개인의 존엄성에 대한 그리스도인의 믿음은 민주주의의 발전, 법치, 교육 및 사회보장으로 직접 이어졌다. 우리가 우리 자신처럼 이웃을 사랑해야 한다는 기독교의 믿음은 부족주의, 민족주의 그리고 인종주의에 대한 해독제였다.

20세기 이교도적 민족주의의 출현으로 유럽은 두 번의 세계대전에서 **인류 역사상 가장 큰 학살로** 5천만 명의 목숨을 잃었다! 동유럽에서

---

72 제1대 세인트 앨번 자작 프랜시스 베이컨(Francis Bacon, 1st Viscount of Saint Alban: 1561-1626)은 영국의 철학자이며 정치가로 영국 경험론의 비조이다. 데카르트와 함께 근세 철학의 개척자로 알려지며 "아는 것이 힘이다."라는 유명한 말을 남겼다.
_역자 인용: 위키피디아

호전적인 무신론의 출현으로 민족주의는 3세대 이상 잠들어 있었다.

유럽에서 파시즘과 공산주의를 일소했다고 그는 1992년 모임에서 말했다. 우리는 이제 대서양에서 우랄에 이르기까지 민주주의와 언론의 자유를 가지게 되었다. 하지만 우리는 또한 지금 기독교 신앙 이전보다 더 유럽을 비워 버렸다. 그리스도께 말씀하신 비유처럼, 유럽은 첫 번째로 들어온 것보다 더 나쁜 일곱 귀신을 맞이할 준비가 된, 깨끗한 집이라고 그는 경고했다.

우리가 공통된 기독교 신앙을 회복해야만 유럽연합을 결속시키는데 필요한 공통된 믿음의 접착제를 얻을 수 있을 것이다. 국민 사이의 공통된 결합제는 아무리 훌륭하다고 해도 정부가 서명한 조약에 의해서가 나오지 않는다. 공통의 통화, 공통의 사회 정책 또는 믿음이 없는 사회에서 나오는 것도 아니다. 우리를 하나로 뭉치게 한 것은 공통된 믿음이었다. 우리는 더 이상 공통된 믿음을 가지고 있지 않았다. 사회 자체가 잘 뿌리 박혀 있는 신념 체계를 갖추어야 어느 정도 국가는 제대로 작동할 수 있을 것이다. 그것이 없다면 모든 것은 무너질 것이다. 그러나 오늘날의 지적 지도자는 그러한 공통된 믿음이 부족했다.

그러나 복음의 힘은 하나님의 성령이었다. 우리는 기독교의 독점을 필요로 하지 않았다. 그 메시지 자체에 나름의 힘이 있었다. 이교도 로마는 기독교인에게 독점을 주는 것으로 극복되지 못했다. 이교도 로마는 기독교인의 삶, 그들이 추켜세운 양심 그리고 진리를 드러

내는 성령에 의해 극복되었다.

　권력은 초대교회 때나 유럽을 휩쓸었던 개종의 위대한 사역과 같다
고 그는 선언했다.

　그리고 나서 그는 자신있게 덧붙였다.

　"그리고 틀림없이 다시 그렇게 하실 것이다!"

6.
유산의
계승

로베르 쉬망의 이야기는 두 세대가 지난 오늘날 우리에게 많은 질문을 제기한다.

• 오늘날 우리는 이 유산을 어떻게 이어갈 수 있을까?

• 우리는 여전히 유럽이 '기독교 가치에 깊이 뿌리내린 사람의 공동체'가 되는 것을 꿈꾸고 있는가? 쉬망의 기독교적 가치가 기독교 이후, 포스트모던한 21세기 유럽에서 우리에게 어떤 관련성을 가질 수 있을까?

• 개인적으로 정치적으로 관여하도록 부름 받았든 아니든 정치와 정부에 대한 기독교인의 책임은 무엇인가? 유럽연합과 같은 정치기

관이 유럽 전체에 걸쳐 '무신론적이고 인본주의적인 정책'을 시행하고 있는 것처럼 보일 때 우리는 어떻게 할 것인가?

• 농업 및 산업화 이전의 중동에서 온 성스러운 글이 실제로 도시화되고 후기 산업화된 유럽의 정치에 대해 할 말이 있을까?

• 쉬망의 잊혀진 유산을 어떻게 회복할 수 있을까?

이 장은 이러한 질문에 대답하려는 시도다.

쉬망의 삶에서 우리는 어떤 교훈을 도출할 수 있을까?

이러한 유산은 오늘날 우리에게 의미가 있을까?

로베르 쉬망의 이야기는 오늘날 우리가 함께 유럽의 미래를 형성하는 작업에 참여하기 때문에 우리에게 많은 도움이 된다.

그것은 우리에게 쉬운 대답은 없으며, 많은 노력 그리고 좌절의 계절, 후퇴 그리고 실망을 견뎌야 함을 말해 준다. 때때로, 2차 세계대전의 가장 암울한 시기처럼, 모든 것이 사라진 것처럼 보일 수도 있다.

그러나 동시에, 우리는 하나님의 뜻이 이 땅에, 유럽, 브뤼셀 또는 우리가 일하도록 부르심을 받은 곳 어디에서든 이루어질 것을 알고 있다.

마키아벨리의 권력 정치만이[73] 성공할 수 있다고 흔히 여겨지는 세
상에서, 쉬망의 이야기는 믿음과 희망, 성품과 정직이 하나님의 방법
대로 하나님의 일을 하는 데 기본이 된다는 것을 우리에게 상기시킨
다. 그것은 정치적 결정과 정책뿐만 아니라 정치인의 개인적인 삶에
도 적용된다.

쉬망과 프랭크 버크먼과의 만남 또한 우리에게 정치의 한계 그리고
개인의 변화와 개종을 구체적으로 정치라고 불리는 영역에 가져오는
움직임의 필요한 상호작용을 상기시켜 준다.

우리는 여전히 유럽을 '기독교적 가치관에 깊이 뿌리내린 사람의 공
동체'로 만드는 꿈을 감히 꾸고 있는가?

'기독교적 가치에 깊이 뿌리내린' 미래의 유럽에 대해 언급하는 것
은 오늘날 많은 정치계와 학계에서 눈살을 찌푸리게 한다.

하지만 솔직히 다른 뿌리가 있는지 우리 스스로에게 물어보자. 무
엇일까? 뿌리는, 자연적 의미에서, 나무, 식물, 꽃이 자라나게 하는
원천이다. 어떤 씨앗과 뿌리에서 유럽이 자라났는가?

뿌리는 영양을 공급하고 안정시킨다. 나무, 식물 또는 꽃이 뿌리로

---

[73] 정치에 대한 냉소적이고 계획적이며 비양심적인 접근은 정치 과학의 창시자로 여겨
지는 이탈리아 르네상스 정치 철학자 니콜로 마키아벨리의 이름을 따서 지어졌다.

부터 잘리면 어떻게 될까? 우리는 '절화 문명'에 살고 있는가? 만약 그렇다면 피할 수 없는 결과는 무엇인가?

상대주의적이고 포스트모던한 시대에서, 어떤 한 세계관이 다른 세계관보다 우선한다고 주장하는 것은 정치적으로 옳지 않다. 모든 것이 동등하게 타당하다고 우리는 종종 들었다. 어느 것도 절대적인 진리는 아니다. 어떤 믿음도 그것이 사실이라고 주장할 수 없다. 그러나 그 진술은 논리적으로 터무니없다. 대부분의 신앙은 그것만이 유일한 진리라고 주장한다. 이슬람, 기독교 그리고 어떤 믿음도 진리가 아니라고 절대적으로 주장하는 사람의 믿음까지도.

유럽의 뿌리가 주로 기독교라는 주장은 나중에 들어온 많은 경쟁적 세계관이 있다는 점에서 오늘날 무시되고 있다. 따라서 유럽 헌법 초안에 하나님과 유대-기독교적 전통에 대한 언급은 거부되었다.

하지만 유럽의 기본가치의 진정한 원천은 무엇일까? 그것은 추측의 문제인가? 아니면 역사적 사실인가?

우리는 앞 장에서 그 질문에 대한 프레드 카서우드 경의 답을 이미 읽었다.

반면 교황 요한 바오로 2세는 유럽이 여러 문화적 뿌리를 가지고 있다는 것을 자유롭게 인정할 준비가 되어 있었다.

만약 새로운 유럽의 질서가 진정한 공익을 증진시키는 데 적절하다면, 유럽의 휴머니즘이라는 가장 귀중한 유산을 구성하는 가치도 인식하고 보호해야 한다. 이러한 가치를 강화하는 데 기여한 다양한 문화적 ·뿌리가 있다. 그리스의 정신에서부터 로마의 법과 덕, 라틴, 켈트, 게르만, 슬라브와 피노-우그리아(Finno-Ugric) 민족의 공헌에서부터 유대 문화와 이슬람 세계의 가치까지 다양하다. 이러한 다른 요소는 유대-기독교 전통에서 조화되고, 통합되며 촉진된 힘을 발견했다.[74]

그러나 프레드 경처럼, 교황은 유럽의 유산을 구성하는 문화의 다양성이 성경적 전통에서 그 통일성을 발견한다고 강조했다.

물론 우리는 교황이 그런 말을 하기를 기대한다. 그러나 심지어 대표적인 무신론자인 리차드 도킨스(Richard Dawkins)조차도 솔직히 기독교와 성경을 이해하지 않고는 유럽 역사를 이해할 수 없음을 인정한다.

적어도 그 점에 대해서는 도킨스가 옳다! 유럽은 어디에서 '대륙'이라는 결합적이고 뚜렷한 정체성을 얻었을까? 그것은 하나의 대륙이 아닌 유일한 대륙이다! 그것은 단지 유라시아 대륙의 서쪽 반도에 불과하다.

유럽인은 주후 천 년이 끝나기 전에 대부분 동쪽에서 몰려 왔다. 그들은 인도-유럽 언어를 사용한다. 그들은 많은 신을 숭배했다. 수천

---

74 2003년 6월 20일 유럽가톨릭대학교협의회에 의해 조직된 *Towards a European Constitution* 콩그레스에서 한 연설.

은 아니더라도 유럽 전역-켈틱, 게르만, 노르딕, 로만, 그리스, 슬라브 그리고 더 많은 곳-에서 수백의 신을 섬겼다.

북유럽 신과 여신에 대해서는 간단히 구글 검색만 해도 알 수 있다. **북유럽 신화 신의 주요 인종인 애시르**(*AESIR*); **애시르의 요리사인 안드림니르**(*ANDHRIMNIR*), **로키**(*Loki*) **여신이자 아내인 안그르보다**(*ANGRBODA*), **사랑의 여신인 아스트릴드**(*ASTRILD*), **물의 여신인 아틀라**(*ATLA*), **얼음에서 녹은 원시 암소인 아우드훔라**(*AUDHUMLA*); **신 중 가장 아름다운 발더**(*BALDER*), **프레이르**(*Freyr*)**의 종인 베이라**(*BEYLA*), **밤 안개나 달의 여신인 보르길드**(*BORGHILD*)**는 매일 저녁 태양을 가린다**; **시인의 신이자 노르웨이 문화권의 모든 스칼디**(시인들)**의 수호신인 브라기**(*BRAGI*), **낮의 신인 발더**(*Balder*)**의 아들인 브로노**(*BRONO*), **물 여신 빌기아**(*BYLGI*) **등. 알파벳순으로 천둥신이며 남자 및 신의 보호자인 토르**(*THOR*), **독일 문화의 원래 전쟁의 신인 티르**(*TYR*), **정의, 결투와 활의 신인 울**(*ULL*), **발더**(*Balder*)**의 죽음을 복수하기 위해 태어난 신이며 오딘**(*Odin*)**의 아들 발리**(*VALI*), **최고의 전사를 고르는 여전투원들인 발키리스**(*VALKYRIES*), **다산과 자연 신의 집합인 바니르**(*VANIR*), **계약서 및 약혼의 여신인 바르**(*VAR*); **오딘의 아들이며 침묵과 복수의 신 비달**(*VIDAR*)**이다.**

유럽인의 정체성은 동쪽에 뿌리를 두고 있었다. 그렇다면 그들은 어느 단계에서 서구인으로서의 독특한 정체성을 발전시켰는가? 이 모든 신과 여신에게 무슨 일이 일어났을까?

답변: 이야기꾼은 서유라시아 반도의 서쪽에 사는 사람에게 하나님

의 아들 예수에 대해 말해 주는 책을 가지고 왔다. 그들은 그리스, 로마, 켈트, 스코틀랜드, 픽츠(Picts), 앵글, 색슨, 프랭크, 프리시안, 게르만, 슬라브, 고트, 러시아, 발트, 바이킹족에게 왔다. 기독교의 일신교로 개종한 이 민족들은 아일랜드에서 아르메니아까지 다양한 문화와 언어 그리고 사고방식을 가진 사람들로 이제는 나사렛 예수라는 한 분의 가르침에서 도출한 가치관과 공통된 기본 세계관을 공유하였다.

이 단계는 아시아적 배경과는 다른 유럽이라고 부르는 자의식적인 지리적 정체성으로 부상할 수 있는 토대를 마련했다. 노먼 데이비스(Norman Davies)는 이전 로마와 이전 바바리안 세계의 상호작용이 유럽 문명의 기반인 '기독교'를 낳았다고 쓰고 있다.[75]

콘스탄틴 이후 4세기 동안 유럽을 만든 것은 반도의 다양한 민족들 대부분이 영구적인 거주지에 정착했고 로마 제국이 '기독교'라는 공동체의 많은 주권 국가 중 하나가 되면서였다고 데이비스는 주장한다.

> 아직 아무도 이 공동체를 묘사하기 위해 유럽이라는 이름을 사용한 적이 없다. 그러나 그것이 이미 존재했다는 것에는 의심의 여지가 없다.[76]

독일의 사회학자 위르겐 하버마스(Jürgen Habermas)는 세계에서 가장

---

75 Davies, 1996, p. 216.
76 Davies, p. 284.

영향력 있는 세속 철학자 중 한 명으로 널리 알려져 있으며 그의 중심 사상은 마르크스주의다. 1999년 한 인터뷰에서 하버마스는 자유, 연대, 해방, 도덕, 인권 및 민주주의를 정착시키는 데 있어 유대-기독교 윤리에 대한 다른 대안이 없음을 인정했다.

'현대성에 대한 규범적인 자기 이해'를 위해 기독교는 단지 선행자나 촉매 이상의 기능을 해 왔다.

'자유라는 이념과 연대에 기초한 집단적인 삶, 삶의 자율적 행위와 해방, 개인의 양심적 도덕, 인권과 민주주의에서 나오는 보편적인 평등주의는 유대적 정의 윤리와 기독교적 사랑의 윤리의 직접적인 유산이다.'

'이러한 유산은 실질적으로는 변하지 않았으나, 지속적으로 중대한 재적용을 하고 재해석을 하는 주제가 되었다. 오늘날까지 그것에는 대안이 없다.'

'후기 국가적 상황이라는 현재의 도전에 비춰볼 때, 우리는 과거와 같이 이 본질로부터 현재를 부양해야 한다. 그 밖의 모든 것은 포스트모던 잡담이다.'[77]

'유럽의 미래를 위해 어떤 다른 뿌리가 있을까?'라는 질문에 답하면서, 하버마스는 놀랍게도, 전혀 다른 것이 없다고 암시했다.

영국의 정치학자 존 그레이(John Gray)는 우리를 한 걸음 더 나아가게

---

77 Habermas, 2006, p. 150-151.

한다. 그의 저서 『지푸라기 개들(Straw Dogs)』은 인본주의에 대한 맹렬한 공격으로 그는 인본주의를 "가면을 쓴 기독교"[78]라고 부른다. 신을 제외하면 인간의 존엄성이나 인간의 예외주의에 대해 이야기할 근거가 없어진다고 주장한다. 이 책의 제목은 지푸라기로 개모양을 만들어 하루 동안 숭배한 뒤 불태우는 중국의 전통 축제에서 비롯된다. 창조적인 신은 없기 때문에 인간은 사물의 큰 순서에서 특별한 의미를 가지지 않는다. 하지만 우리는 지푸라기로 만든 개처럼, 우리 자신을 비이성적으로 존중하다가 결국 무의미한 멸종을 맞이하게 된다고 그는 주장한다. 따라서 비이성적인 종교에 대해 이성적으로 대응한다고 주장하는 인본주의 그 자체가 비이성적이다!

즉 자유, 평등, 연대, 평화에 대한 이야기는 유대-기독교 체제 밖에서는 말이 안 된다.

네덜란드 철학자 에버트-얀 아우어네일은 "근원으로 돌아가기(Back to the Roots)"라는 제목의 기사에서 쉬망이 유럽의 자유, 평등, 연대 및 평화라고 주장하는 네 가지 구체적인 가치를 살펴보면서 이것이 유대-기독교의 뿌리로부터 단절되었을 때 각각 어떤 일이 일어나는지 묻는다. 그의 결론은 유럽의 핵심 문제는 뿌리의 상실에서 비롯되며, 기독교 신앙이 이러한 가치 회복을 통해 유럽 사회에 대한 중요한 공헌을 다시 증명할 수 있다는 것이다.

---

78 Appendix II

"누구도 유럽에서 문화적 기독교의 옛 시대로 돌아가고 싶어하지 않는다. 그러나 우리가 유럽에서 가장 존경 받는 가치의 기독교적 뿌리에 대해 소심할 이유는 없다."고 결론짓는다.

우리가 정치에 적극 참여하도록 부르심을 받았든 그렇지 않든 정책 및 정부에 대한 그리스도인의 책임은 무엇인가? 유럽연합이 '무신론적이고 인본주의적 정책'을 유럽 전체로 확산할 때 우리는 이 정치기관을 어떻게 보아야 하는가?

1장에서 밝힌 바와 같이 이것이 바로 필자가 1991년에 동료와 함께 브뤼셀을 방문했을 때 가졌던 질문이었다. 필자는 당시 유럽공동체의 역사와 철학을 이해하고 싶었고 기독교인이 그 기관과 어떤 관계를 맺어야 하는지 알고 싶었다.

그 이듬해, 마스트리히트 조약이 체결된 해에 브뤼셀에서 (상상컨데) '유럽(Europa) 92'라는 50명의 복음주의 지도자를 위한 모임이 있었다. 유럽위원회의 몇몇 주요 인사와 앞서 언급한 프레드 카서우드 경이 연설했다.

특히 프레드 경은 모두 이교도 행정부에서 믿음, 성품, 성실한 사람으로 일했던 요셉, 다니엘, 에스더 그리고 느헤미야에 대한 이야기를 연구하면서 정치 참여에 관한 성경적 지침 몇 가지를 우리가 생각하는 데 도움을 주었다.

우리는 **브뤼셀 선언**(*Brussels Affirmation* 부록 IV)이라는 성명서에 결론을 요약했다.

우리는 단일 민족 국가든, 다민족 국가든(로마 또는 유럽연합처럼) 공무원들과 정치인은 '하나님의 봉사자(*diakonos*, 롬 13:4)'로 불리며, 하나님이 주신 권위 안에서 활동할 때 복종해야 한다고 확인하였다. 바울은 분명히 이교도적인 행정부를 염두에 두고 이러한 지시를 내렸다.

이것은 기독교인이 국가와 유럽연합 둘 다 정부 관리가 현명하고 정의로운 정부가 되도록 기도할 일차적인 의무가 있다는 것을 의미하며, 이러한 사회적 '조용하고 평화로운' 상황이 복음 전도를 용이하게 할 수 있도록 해야 한다(딤전 2:1-4).

따라서 우리는 유럽이 통합되는 전반적인 과정과 특히 유럽연합에 대한 우리의 태도를 재평가할 필요가 있었고, 이 과정에 참여하는 부분에 대해 무관심한 자세를 회개할 필요가 있었다.

프레드 경은, 쉬망의 이야기처럼, 우리에게 유럽연합의 원래 비전은 경제적인 것이 먼저가 아니라 전쟁을 벌이고 있던 유럽 국가를 진정한 국가 공동체로 화해시켜 그들의 '부족 간의 분쟁'을 제거하는 것이었음을 상기시켰다.

우리는 또한 기독교인이 여러 분야의 발전을 감시해야 할 필요성을 인식했는데, 현실에서는 결과가 항상 의도를 따르는 것은 아니었기

때문이다.[79]

여기에는 다음이 포함된다.

- 경제적 및 물질적 가치가 유럽연합의 의사결정 과정을 지배하려는 경향
- 이러한 과정에서 잠재적으로 나타날 수 있는 민주적 결핍으로 권력 남용이 발생할 수 있음에 대한 경고
- 독재적 의사 결정의 위험을 증가시키는 최근 몇 년의 발전 속도
- 비성경적 세계관이 새로운 유럽을 인도하는 영적 가치를 지배할 가능성

복음의 능력이 보존(소금)과 저장(빛) 둘 다 가지고 있음을 알고, 우리는 정치, 경제, 사회적 문제를 포함한 죄의 영향을 받는 모든 삶의 영역에 하나님의 말씀을 적용할 필요성을 확인하였다.

우리는 또한 유럽의 연합 과정이 이전에는 제한된 예배의 자유만 있던 국가에게 복음전도와 선교의 기회를 제공하는 많은 기회를 만들어내고 있음도 인정했다. 동시에 우리는 새롭게 해방된 중부 및 동부 유럽을 재건하는 것을 돕기 위해 함께 행동할 책임이 있었다. 그리고 복음주의 기독교인이 신흥 유럽의 영적인 특성과 가치를 형성하도록 도울 책임도 있었다.

---

79 이 협의에 이어 이 목적을 위해 브뤼셀에 유럽 복음주의 연맹의 사회-정치사무소가 설립되었다.

마지막으로, 우리는 인종차별, 민족주의, 이슬람의 부상, 난민 유입 및 환경과 같이 유럽연합과 오늘날 진정한 공동체에 도전하는 많은 이슈가 인종, 국가 및 문화를 초월한 성경적 관점에서만 충분히 대응할 수 있다는 것을 확인시켜 주었고, 이러한 관점은 경쟁적인 세계관에 대한 관용을 허용하면서도 안전한 희망을 제공했으며 하나님의 백성이 환대와 연민을 가지면서도 지구의 자원을 현명하게 관리하도록 요구하였다.

거의 20년이 지난 후에도, 이러한 확언은 유럽연합 또는 다른 정부, 국가 또는 지역 정부와의 책임 있는 기독교적 참여에 대한 적절한 지침을 계속해서 제공하고 있다.

쉬망은 다른 사람이 교육, 보건, 비지니스, 예술 또는 심지어 '목회'로 부름을 받을 수도 있는 것처럼 정치에 대한 소명을 믿었다. 그와 같은 소명의식을 가진 그리스도인은 정치적인 과제에 대해 어떻게 대처해야 하는가? 하나의 올바른 기독교인의 정치적 접근법이 있는가?

많은 책이 정치와 기독교의 정치적 선택에 관해 쓰여져 왔다. 필자가 추천하는 것은 데이비드 코이지스(David Koyzis)의 『**정치적 비전과 환**

상(*Political Visions and Illusions*)』이다.[80]

저자는 계몽주의 이후 서구 사상에 나타난 다양한 '사상'이나 정치적 이데올로기를 분석한다. 여기에는 **자유주의, 민족주의, 보수주의, 사회주의 및 마르크스주의**가 포함된다. 최근에 몇 년간 **환경주의나 동물의 권리**에 초점을 맞추어 나타난 단일 이슈들을 추가할 수 있다.

일부 기독교인은 성경이 우리에게 가난한 사람과 억압받는 사람을 돌보라고 명령함으로 사회주의 의제를 필요로 한다고 주장하며 **기독교 사회주의자**로서 정치에 종사한다. 다른 이들은 성경이 사유재산을 지원하므로 **자유자본주의**가 가장 기독교적인 시스템이라고 반박한다. 그러나 다른 사람은 그들 자신을 **정치적 보수주의자**로 생각하면서 일반적으로 전통에 대한 충성심을 역사적 믿음에 대한 충성심으로 동일시하기 때문이다.

코이지스에 따르면 최종 결과는 정치권에서 불필요하게 분열된 그리스도의 몸인 '분산된 목소리'다. 편을 드는 것은 이데올로기가 실제로 무엇인가에 대해 잘못된 이해에 바탕을 두고 있다. 많은 기독교인은 이데올로기를 본질적으로 종교적이라고 보기보다는, 단순히 중립적인 체제로 보고 자본주의와 사회주의의 영적 뿌리를 무시한다.

그러나 이데올로기는 개인이나 공동체의 종교적 헌신에서 비롯된다고 코이지스는 설명한다. 인간은 모든 사람이 이것을 인정하는 것

---

80 Koyzis, 2003; 데이비드 코이지스는 캐나다 정치학 교수이다.

은 아니지만, 피조물을 숭배하고 있다. 무신론자는 하나님에 대한 믿음은 부정하지만 실제로는 합리성, 예술적 기량 또는 군사력을 신으로 숭배할 수 있다. 하나님의 창조의 어떤 면은 모든 다른 면보다 우월한 우상 같은 역할을 한다.

그것은 **자유주의**와 그것이 섬기는 개인의 최대 자유라는 신, **민족주의**('타인'에 의한 지배로부터 해방), **보수주의**('황금 시대'로의 귀환), **사회주의**(모든 부의 공동체적 소유) 그리고 **민주주의**(심지어 쉬망 자신이 주장한 대로 적절한 영적 토대가 없으면 대중적 주권이라는 신에 절하는)도 마찬가지다.

하지만 비록 이데올로기가 우상 같은 세계관에서 흘러나오더라도, 필자는 여전히 그것이 우리에게 가르쳐 줄 무언가가 있다고 믿는다. 그들은 기독교인이 명확하게 보지 못한 진리의 파편을 발견했을지도 모른다.

가령 무엇이 선하고 예의 바른 독일 시민으로 하여금 국가 사회주의의 매력에 굴복하게 했는가? 아니면 왜 많은 서구의 지성인들이 대공황의 고통을 계기로 출현한 공산주의로 눈을 돌렸는가?

그럼에도 코이지스는 이데올로기들의 왜곡에도 자신이 창조한 것에 대한 하나님의 신실하심을 본다. 가장 기만적인 이념조차도 그 자신의 이미지로 인간 사회를 완전히 잘못 이끌 수는 없다. 개인주의를 조장하는 자유주의적 정치질서가 결혼과 가족의 기본 제도를 완전히 손상시킬 수는 없다. 전체주의도 국가와 다른 가정이나 충성심을 완전히 없애는 데 성공하지 못했다.

"이 때문에 우리는 불순종 가운데도 창조 질서를 신실히 지키는 하나님께 감사해야 할 것이다."라고 코이지스는 쓰고 있다.

만약 우리의 모든 기존 이념이 우상 같은 가정을 가지고 있다면, 기독교인은 어디에 설 수 있을까?

성경적 기독교는 우선 모든 창조물이 하나님의 주권 하에 있다고 단언하지만 그 사람의 죄, 즉 타락이 우리의 모든 활동에 영향을 끼쳤다. 창조와 타락의 범위가 우주적인 것처럼 '창조의 회복'인 구속도 그렇다.

그리고 이 회복된 창조는 정치를 포함한다. 우리는 정치를 중립적이고 '세속적' 영역이나 세계 권세자의 주권에 맡길 수 없다고 코이지스는 말한다. 우리는 예수 그리스도를 위해 그 영역도 회복해야 한다.

그렇다면 사회와 정치에 대한 비우상적인 접근은 어떻게 발생되었을까? 코이지스는 그것이 모든 생명에 대한 하나님의 주권을 인정할 것이라고 주장한다. 그것은 **자유주의**처럼 개인의 권리를 지지하겠지만, 우리에게 그 개인은 주권자가 아니라는 것을 상기시켜 줄 것이다. 그것은 **보수주의**처럼 전통에 적절한 자리를 주겠지만, 모든 인간의 일들이 죄에 의해 더럽혀진 것을 인식할 것이다. **민족주의**나 **민주주의 신조**처럼, 그것은 인간 공동체의 위치를 인식하지만 충성심의 주권적인 주체는 아니다.

코이지스는 유일한 비우상적인 대안은 일종의 **다원주의**라고 주장한다. 그는 이데올로기의 우상화를 뛰어넘으려 하는 두 기독교적 모델,

즉 개혁주의와 가톨릭적 모델을 탐구한다. 이 두 가지 접근법 모두 21세기의 복잡한 정치적 현실에 대한 소망을 가지고 있다고 코이지스는 말한다. 이 둘은 국가가 그 적절하고 하나님께서 주신 임무를 위반함으로 야기되는 부정의에 빠지지 않는다.

사회의 다양성을 인정하는 개혁주의 전통은 프랑스 혁명으로 생겨난 이데올로기에 대응하여 네덜란드 칼빈주의자에 의해 발전되었다. 아브라함 카이퍼(Abraham Kuyper)[81]는 궁극적인 권위는 하나님께 속한다는 것을 인정하면서 영역 주권(sphere-sovereignty)에 대해 말했다. 모든 지구촌의 영역은 보완적이다. 가족, 학교, 비지니스, 노동, 예술 등은 하나님이 주신 한도 내에서 모두 자기 분야에서 주권을 가진다는 것이다.

우리는 이미 사회적 교서인 **레룸 노바룸**을 바탕으로 한 가톨릭 모델을 접했다. 우리가 본 대로, 이것은 쉬망의 정치적 사고에 중대한 영향을 미쳤으며, 교회 가르침에 의해 인도된, 계급 간에 전쟁이 아닌 화합을 추구하는 기독 민주주의의 기초를 마련했다. 그것은 국가가 공익을 위해 통치해야 하고, 지역 공동체를 존중해야 한다고 주장하면서 자유주의와 사회주의를 모두 거부했다. 우리가 본 것처럼, 이

---

81 아브라함 카이퍼(Abraham Kuyper: 1837-1920)는 네덜란드의 총리이자 신학자이며 소위 신칼빈주의(Neo-Calvinism)를 확립한 개신교 사상가다. 보다 자세한 내용은 www.alloflliferedeemed.co.uk 참조. _역자 주

보충성에 대한 원칙은 유럽연합의 기본 원칙이 되었다. 사회는 국가와 개인뿐만 아니라 다양한 작은 공동체, 단체, 협회로 이루어져 있으며, 각각은 가능한 한 가장 큰 자치권을 가져야 한다. 이 다원주의 원칙은 시민 사회를 보호한다.

가톨릭계와 밀접한 관련이 있는 것은 **인격주의**(*Personalism*)라고 불리는 철학적인 세계관이었다. 프랑스, 미국, 영국 및 독일의 사상가에 의해 19세기 후반과 20세기 전반기에 발전된 이 사상은 인간의 정체성이 그들의 관계를 통해 발견되고 정의되며 인간의 문제에서 사람의 중심적 의미를 강조한다.

인격주의는 전쟁이 끝난 후 많은 유럽 국가에서 권력을 잡은 기독민주당에서 정치적 표현을 발견했으며, 독일, 프랑스, 네덜란드, 폴란드뿐만 아니라 유럽의회의 유럽인민당(European Peoples Party)에서도 여전히 영향력이 크다. 공공정책에 미치는 그것의 영향은 도시 계획(독일의 작은 도시), 무역협회의 강점, 배아 연구에 대한 저항과 같은 문제에서 볼 수 있다.

그러나 우리가 곧 보겠지만, 인격주의는 생명력이 없다고 믿는 마이클 슐루터(Michael Schluter) 박사와 같은 사람이 있다. 그러나 그것은 그가 **관계주의**(*Relationism*)라고 부르는 것과의 공생관계를 통해 정합성 있는 정치, 경제 체제로 번역될 수 있다.

산업화 이전 중동 지역에서 농업 시대에 쓰여진 거룩한 책이 도시화 된, 후기 산업 시대 유럽의 정책적 미래에 대해 말할 것이 있는가?

「시드니 모닝 헤럴드(*The Sydney Morning Herald*)」 경제부장은 어느 날 사회의 경제적, 정치적 문제에 대한 해결책이 성경에 제시된 모델로 돌아가는 데 있다고 믿었던 영국 케임브리지에 있는 기독 사상가들에 대해 글을 쓰면서 독자를 놀라게 했다.

"웃지 마." 로스 지틴스(Ross Gittins)가 썼다.

> 이 그룹은 당신이 이발한 사람들보다 더 많은 박사 학위를 가진 그룹이다. 그들은 마이클 슐루터에 의해 설립된 기독 연구 단체인 쥬빌리 센터 (Jubilee Centre)에서 왔다. 슐루터 박사는 관계 재단의 소장으로 더 잘 알려져 있다. 성경에 경제 모델이 있다는 것을 몰랐는가? 이들에 따르면 구약성경의 율법을 전체적으로 고려할 때, 현재의 서구 경제 모델에 수반되는 낭비적이고 해로운 부작용 없이 효율성과 공정성에 대한 전제조건을 충족하는 통합 경제 모델이 등장한다.[82]

슐루터 박사는 1970년대에 동아프리카에서 세계 은행의 경제학자였다. 탄자니아의 사회주의, 에티오피아의 마르크스주의, 케냐의 자

---

82 *The Sydney Morning Herald*, 2006년 4월 17일자.

본주의에 의해 야기된 사회적 혼란을 관찰하며 그는 성경적 대안을 찾고 있었다. 그는 구약성경을 공적인 생활을 위한 윤리적 토대라고 보며 겉으로 보기에 무작위적인 율법의 모음에서 주목할 만한 일관성을 보았다. 땅에 대한 희년법, 이자의 금지, 레위 사람의 역할, 정치 구조들, 복지 제도 및 군대 조직 등은 모두 그가 신약성경에서 예수님의 이 모세 율법의 탁월한 요약에서 발견한 핵심 주제인 **하나님과 이웃을 사랑하라!**에 연결되어 있었다. 예수가 암시하는 사회의 본성은 사랑 또는 올바른 관계였다.

물론 오늘날의 현실 세계에서 그러한 대답은 순진하고 비실용적이며 비현실적이다. 그것은 돈, 경제, 정치 및 군사력의 언어가 아니다. 그것은 모스크바나 런던, 베를린 또는 파리, 로마나 브뤼셀에서 널리 사용되는 언어가 아니다.

그러나 슐루터에 따르면, 세계 자본주의와 시장 사회주의의 지배적인 서구 이념에 대한 성경적 대안을 제공하는 것은 하나님과 이웃을 사랑하는 것이 필수적이라고 한다. 슐루터는 여기서 핵심 아이디어는 오늘날 실용주의 이상의 길을 제공하는 관계의 관점에서 세상을 바라보는 것이라고 믿는다.

자본주의는 주로 자본의 배치와 성장에 관심이 있었고 사회주의는 집단의 역할과 조직에 초점을 맞췄지만, 예수는 관계의 질을 강조했다. 구약성경 율법의 주된 아이디어는 관계였다. 겉보기에 관련이 없어 보이는 이 모든 모세의 율법은 장기적으로 관계를 보호하고 증진시켰다. 다시 말해, 사회는 GDP(국내 총 생산)나 시장의 효율성에 의해 평가되어서는 안 되며, 사회가 건강한 관계를 어떻게 육성하는가에 의해 평가되어야 한다는 것이다.

그래서 오늘날 성경의 율법을 해석하고 적용하는 것 그리고 현대사회를 평가하는 것 둘 다 인간관계가 핵심이라고 결론내렸다.

슐루터는 종종 청중에게 미개발(또는 '개발도상')국가를 떠올리도록 도전한다. 잠시 후, 그는 그들이 어느 대륙이나 지역을 생각하고 있었는지를 물었다. 대부분의 사람은 아프리카, 아시아, 카리브해를 생각한다. 그리고 그는 물었다. '발달되지 않은 것'이 어떤 의미라고 생각하였는가? 경제면에서? 아니면 관계? 요즘 **관계적으로** 가장 개발이 덜된 나라는? 예를 들어, 이혼율이 가장 높은 나라는 어디인가? 아마도 미국과 영국이 아닐까?

슐루터는 이 관계의 언어를 **관계주의**(Relationism)라고 부른다. 그는 광범위한 사회적 시책을 수용하기 위해 이 아이디어를 발전시켰고, 그의 글과 연설에 이것을 상세히 설명했다.[83]

---

83 R Factor와 The R Option의 공동 저자인 슐루터 박사는 관계 재단(Relationship Foundation), 케임브리지의 쥬빌리 센터 및 케임브리지 페이퍼즈(The Cambridge Papers)를 생산하는 싱크 탱크를 설립했다. 그는 고용 계획, 다국적 기업의 관계 감사 및 영국의 Keep Sunday Special(주일 성수) 캠페인을 비롯하여 영국 및 기타 국가에서 진행중인 다양한 프로젝트를 시작했다. 그는 더 나은 병동/수감자 관계 및 옹호자의 '관계형 건강 관리' 및 '관계형 정의'를 촉진하기 위해 스코틀랜드 교도소 서비스와 협력했다. 후자는 범죄를 범죄자와 희생자/공동체 간의 관계가 깨진 것으로 본다.

그래서 관계주의는 또 다른 '사상'일까? 그것은 또 다른 기독교 이념인가? 슐루터는 이데올로기가 '우상 숭배적이며, 구원과는 분리된 해법이고 그리스도의 주되심을 인정하지 않는 정치적 사상과 행동의 기본틀'임을 인정한다. '관계주의는 모든 사람이 공유하지 않는 세계관에서 흘러 나온다는 의미에서 이념으로 간주될 수 있지만, 분명히 인간 사상의 자율적인 기관으로 간주되어서는 안 된다.'

그러나 그는 관계주의가 서구 사회에 끼치는 장기적인 영향의 가능성은 그것이 성경의 뿌리와 계속 연결되어 있는지에 달렸다고 경고한다. 성경의 가르침과 분리되면, 그것은 강력한 사회적 유대감을 구축하고 깨진 관계를 회복하는 데 - 하나님을 향한 사랑-필수적인 동기부여가 부족할 것이다.

관계주의는 인격주의와 많은 공통점을 가지고 있다. 둘 다 사람과 자연을 단순한 상품으로 보는 관점을 거부한다. (가령 사람은 '노동', '인적 자원' 또는 '인간 자본'으로 보거나 나무를 단지 '목재'로 보는 것이다.) 인간이 주로 효율적인 사회 건설을 위해 존재하고 있거나, 사회의 '발전'은 경제성장에 따라 측정되어야 한다는 것이다.

두 관점 모두, 개인이 경제적, 심리적으로 자급자족할 수 있거나 있어야 하고 삶의 다른 영역에 걸쳐 다른 자아를 가질 수 있거나 가져야 한다는 생각, 또는 자아가 보편적 자아의 작은 일부이기 때문에 궁극적 의미는 없다는 관점을 거부한다. 개인에 대해 초점을 맞추기 때문에, 관계주의와 인격주의 사이의 공통점은 생활방식에 관한 문제에서 가장 강조하는 것이다. 둘 다 정체성, 의미, 안전 그리고 가치는 주로 한 개인의 관계에서 발견된다는 것을 강조한다.

그러나 슐루터 박사는 인격주의와 관계주의의 주요한 차이를 지적하는데, 관계주의는 유럽의 미래를 인도할 수 있는 반면, 인격주의는 이 부분에서 부족하다고 본다. 가령 그는 인격주의가 경제 정책의 주요 이슈에 대해 기독교 민주당에게 해답을 제공하지 못한다고 주장한다. 대처 여사가 평소 신랄하게 "한편으로는 피가 묻은 기업에서부터 다른 한편으로는 협동조합 등 모든 것이 기독교 민주주의 언어로 꾸며질 수 있다."고 표현했다.[84]

또한 인격주의는 국가 및 개인 부채에 대한 성경적 경고를 고려하지 않으며, 가장 최근에 생겨난 관계주의 역시 그렇다. 이 두 가지 관점은 출발점이 다르기 때문에 서로 다른 강조점을 갖게 된다. 인격주의는 주로 개인주의와 집단주의에 대한 대응이다. 관계주의는 주로 마르크스주의와 자본주의에 대한 대응이다. 인격주의는 진정한 인간은 무엇을 의미하는지 기술하려는 철학적인 노력의 일환인 반면 관계주의는 인간관계에서 최대한의 유익을 주기 위해 사회 생활이 어떻게 질서가 잡혀야 하는지에 더 관심이 있다.

이는 인격주의가 집단이나 조직적 관계에 대해 거의 언급하지 않고 공공 정책의 우려를 해결하는 데 어려움이 있음을 의미한다.

---

84 Cole, Graham & Schluter, Michael, 2004.

'인격주의'라는 용어의 결과는 개인, 특히 개인주의적인 문화에서 주로 초점을 집중시키는 것이었다. 만약 그 사람의 중요성이 다른 사람들과의 관계에 있다면 이것은 도움이 되지 않는다.

관계주의는 인간관계와 관련된 규범적 가치를 정의하는 데 있어서 유대-기독교 전통의 윤리적 가치에 인격주의보다 더 명백히 의존하고 있다. 관계주의는 그리스도인과 유대인이 공유하는 경전, 특히 모세 율법에서 영감을 얻는다. 그것은 역사적, 지리적 배경을 적절히 고려하여, 그곳에 묘사된 정치적, 경제적, 사회적 생활을 뒷받침하는 가치에 기반을 두고 있다. 그러나 교회는 관계 공동체의 반문화적 모델도 제공하기 때문에 구약성경에 전적으로 의존하지는 않는다.

관계주의가 제기하는 한 가지 질문은: 연방주의 또는 정부 의사결정의 중앙집권화와 같은 대안적인 헌법적 합의가 어떻게 인간관계의 패턴을 바꾸고, 개인의 행복에 영향을 미칠까?

슐루터는 그러한 질문이 우리 시대의 지배적인 이념으로 물질주의-자본주의에 도전하기 위해 완전히 성숙한 사회적 패러다임으로 인격주의-관계주의적 접근을 발전시키는 데 도움이 될 것이라고 믿는다. 이 도전은 사회 철학의 수준뿐만 아니라, 그것이 야기하는 법률, 제도적 구조 그리고 작업 관행의 수준에도 있다.

그는 인격주의 사상과 관계주의 사이에 의미 있는 공생 관계를 찾고 있다. 그는 관계주의가 인격주의를 정합성 있는 정치 및 경제 체제로 전환하는 데 필요한 동력을 제공한다고 믿는다.

필자는 이 관계주의가 유럽에 희망을 주는 위대한 사상이라는 확신이 커지고 있다.

유럽의 미래에 대한 대화에 영향을 주는 모델은 무엇인가?

레옹스 베크만스(Léonce Bekemans) 박사[85]는 2008년 7월 브라티슬라바(슬로바키아의 수도_편집자 주)에서 열린 유럽국가평신도위원회 포럼 연설에서 유럽의 미래 정체성에 대해 생각하는 세 가지 모델을 확인했다.

1. 문화 또는 '국가의 가족'의 유럽

공동체주의자(*Communitarians*)는 공통된 역사와 문화를 강조한다. 그들은 유럽의 정체성이 종교와 철학, 정치, 과학, 예술의 공통된 움직임에서 나타났다고 주장한다. 이 견해는 터키를 배제하고 기독교적(또는 유대-기독교적) 전통을 더 강하게 인식하는 경향이 있다. '다양성 안에서 통일성'은 유럽을 '국가의 가족'으로 지칭하는 것으로 여겨진다. 유럽연합 국경이 빨리 정의될 필요가 있다고 강조하면서, 이것은 유럽 사회 내에서 '유로-국가주의' 형태 및 배타적 정책의 형태로 이어질

---

85 레옹스 베케만스는 파두아(Padua) 대학에서 "유럽연합의 세계화, 문화간 대화 및 포용성"을 주제로 하는 장 모네 석좌(Jean Monnet Chair) 교수다.

수 있다.

2. 시민의 유럽 또는 '헌법적 애국심'

자유주의자와 공화주의자는 민주주의, 인권, 법치주의 등의 보편적 원칙들에 바탕을 둔 시민 정체성 및 공통의 정치 문화를 주장한다. 위르겐 하버마스는 시민들이 공통된 문화적 정체성으로 동일시되어서는 안되며, 그들의 권리와 자유를 완전히 보장하는 일부 헌법적 원칙으로 식별되어야 한다고 믿는다. 문화적 정체성, 종교적 신념 등은 사적인 영역에 국한되어야 한다(이것은 유럽연합 헌법에서 하나님과 종교에 관한 프랑스의 입장을 설명한다.). 유럽의 정체성은 공통의 정치 및 시민 관행, 시민 사회 조직 및 강력한 유럽연합 기관으로부터 나올 것이라고 그들은 주장한다. 여기서 '다양성 속 연합'은 다양한 문화적 관습을 고수하면서 정치적, 시민적 가치를 공유하는 것을 의미한다. 공동체의 한계는 문화가 아니라 정치의 문제이어야 한다.

3. 대면 공간으로서의 유럽

'유럽의 정체성'은 시민, 정치, 문화 교류 및 협력이 강화된 결과로 나타날 것이라고 **건설주의자들**(*constructivists*)은 주장하며, 지식과 의미를 이념이나 계시가 아닌 경험에서 나오는 것으로 본다. '유럽의 정체성'은 다른 사람과의 관계를 통해 지속적으로 재정의될 것이다. '다양성 내의 연합'은 집합적인 정치, 문화적 관습에 참여하는 것을 포함한다.

유럽연합의 경계를 정하는 것은 잘못되었고 불가능할 것이다.

그렇다면 베크만스는 다원적 유럽에 대한 기독교적 비전의 구성 요소는 무엇이라고 보는가?

그는 다음과 같은 세 가지 기본 구성요소를 식별했다.

- **통합의 다양성**: 보충성 원칙에 대한 헌신과 수용 그리고 타인, 다양성, 인간 존엄성 등에 대한 존중 등
- **잠정적인 것과 영적인 것 사이의 구별**: 하지만 믿음이 사회적 참여를 뒷받침한다는 것을 이해하는 것
- **겸손**: 변화하는 과정에서는 준비된 답이 없었다. 하지만 그는 교회와 기독교가 유럽의 미래를 위해 중요한 역할을 하고 있다고 강조했다.

어떻게 하면 쉬망의 잊혀진 유산을 회복할 수 있을까?

기억해야 할 특별한 날은 우리 역사의 주요한 사건이다. 유럽에서는 5월 초에 많은 나라가 전쟁 중 쓰러진 군인을 기억하고 그들의 해방이나 승리를 축하하기 위해 공휴일을 정해 기념식을 개최한다.

1985년 이후, 5월 9일의 쉬망 선언이 유럽인의 '더 가까운 연합'을 향한 긴 여정의 첫 번째 구체적인 단계였다는 것을 인정받아 유럽의 날로 기념되었다. 일부 국가, 특히 유럽연합의 기관에서는, 이 날을 종종 쉬망의 날이라고 부른다. 이날은 대부분의 유럽연합 회원국 그

리고 심지어 터키와 다른 주변 국가에서도 공식적으로 기념된다. 주요한 예외는 유럽회의주의 역사를 가진 영국이다.

그러나 이날은 전쟁의 사상자를 기억하고 해방을 축하하는 것과 같이 유럽의 평균적인 심장부에는 아직 반향을 일으키지 않았다. 평화를 얻는 것은 아직 대중의 상상력을 사로잡지 못했다.

한 가지 실질적인 이유는 앞서 언급했듯이 5월 초에는 다른 축하행사와 기념식으로 붐빈다는 것이다. 부활절, 승천일, 성령강림절 및 노동절 같은 다른 휴일과 축제는 그 계절의 일상적인 스케줄에 많은 걸림돌이 된다.

다른 이유는 사람이 단순히 이 역사를 모르기 때문이다. 학교에서는 거의 가르치지 않는다. 유럽 대학 교육을 받은 내 자녀나 배우자 중 누구도 버림받은 각주를 제외하고는 이 이야기를 3단계 교육에서 들어본 적이 없다.

그러나 우리가 앞서 말한 대로 쉬망 선언이 현대 유럽의 결정적인 순간으로, 5억 명의 유럽인이 오늘날 평화롭게 살고 있는 유럽이라는 개념적 건축물을 하룻밤 사이에 만들어 낸 극적인 돌파구였다면 이것은 분명 더 많은 주목을 받을 만하다.

그 역사 뒤에 숨겨진 이야기를 알고 있는 기독교인에게 이것은 특히 더욱더 그래야 한다.

우리 학교 역사 교과과정에서 이 이야기를 복원하는 것이 하나의 명백한 해결책이다.

또 다른 방법은 매년 유럽의 날을 휴일로 하든 그렇지 않든 간에 기념할 창의적이고 적절한 방법을 개발하는 것이다.

이것이 오늘날 유럽연합이 대표하는 모든 것을 반드시 지지하는 것은 아니다. 가령 유럽학 연구를 위한 쉬망센터(the Schuman Centre for European Studies)는 매년 유럽의 날에 유럽연합 의장직을 맡고 있는 국가의 수도에서 유럽국가포럼(State of Europe Forum)을 개최하는 것을 목표로 하고 있다.[86] 그 목적은 유럽연합이 참가국에게 가져다 준 60여 년 동안의 평화에 대해 하나님께 감사하며, 설립자의 비전과 가치를 기억하고 그러한 가치에 비추어 현재의 유럽연합 현실을 평가하며, 이 비전과 가치를 어떻게 증진시킬 수 있는지 문의해 보는 것이다.

이것은 중요한 질문과 우려되는 문제를 제기할 수 있는 기회인 동시에, 어떻게 우리가 유럽 국민의 공동체 내에서 "우리 이웃을 우리 자신처럼 사랑하라."는 그리스도의 명령을 더 잘 실천할 수 있을까 하는 질문을 던질 수 있는 기회다.

하나님이 우리에게 이 유산과 그것이 우리에게 가르쳐 주는 가치를 살아 낼 수 있는 용기와 은혜를 베푸시기를 바란다.

유럽의 미래는 여기에 달려 있다.

---

86 2011년에는 부다페스트, 2012년에는 코펜하겐, 2013년에는 더블린, 2014년에는 아테네….

7.
부록

1950년 5월 9일의 쉬망 선언

세계 평화는 그것을 위협하는 위험에 비례하여 창조적인 노력을 하지 않고는 보장될 수 없다.

조직적이고 살아 있는 유럽이 문명에 가져올 수 있는 공헌은 평화적인 관계의 유지에 필수적이다. 연합된 유럽의 챔피언 역할을 20년 이상 스스로 맡으면서, 프랑스는 항상 평화를 위한 본질적인 목표를 가지고 있었다. 연합된 유럽은 성취되지 않았고 우리는 전쟁을 했다.

유럽은 한 번에 혹은 단 하나의 계획에 의해 만들어지지 않을 것이다. 그것은 먼저 사실상의 연대를 이루는 구체적인 성과를 통해 만들어질 것이다. 유럽 국가를 하나로 묶는 것은 프랑스와 독일의 오랜 적대관계를 제거하는 것을 필요로 한다. 어떤 조치를 취하든 애초에 이두 나라가 관여해야 한다.

이러한 목표를 고려하여 프랑스 정부는 즉각적인 조치가 제한적이긴 하지만 결정적인 한 가지 점에 취해지도록 제안한다.

그것은 프랑스-독일의 석탄과 철강 전체 생산을 다른 유럽 국가가 참여하도록 개방된 조직의 틀 안에서 공통의 고등기관 하에 두는 것을 제안한다.

석탄과 철강 생산의 연결은 유럽연합의 첫 단계로서 경제 발전을 위한 공동의 기반을 마련하며, 전쟁 무기 제조에 오랫동안 헌신해 온 지역인 동시에 가장 지속적인 희생자가 되었던 지역의 운명을 바꿀 것이다.

이렇게 해서 만들어진 생산의 연대는 프랑스와 독일 사이의 전쟁이 단순히 상상할 수 없을 뿐만 아니라 실질적으로 불가능하게 된다는 것을 분명히 할 것이다. 참여하고자 하는 모든 국가에 개방되고 궁극적으로 모든 회원국에게 동일한 조건으로 산업 생산의 기본 요소를 제공하기로 하는 이 강력한 생산 단위의 설립은 그들의 경제 통일을 위한 진정한 토대가 될 것이다.

이 생산품은 생활수준의 향상과 평화적 성취의 촉진을 목적으로 차별이나 예외 없이 전 세계에 제공될 것이다. 자원이 증가함에 따라 유럽은 아프리카 대륙의 발전이라는 핵심적인 임무 중 하나를 성취할 수 있을 것이다.

이런 식으로, 공통의 경제체제를 구축하는 데 필수적인 이익의 융합이 간단하고 빠르게 실현될 것이다. 그것은 오랫동안 혈맹으로 대립해 온 국가 사이에 더 넓고 더 깊은 공동체를 형성할 수 있는 누룩일 수도 있다.

기초 생산량을 통합하고 프랑스, 독일 및 기타 회원국을 연결할 새로운 고위 당국을 설립함으로써, 이 제안은 평화 유지에 필수적인 유럽연합의 첫 번째 구체적인 토대를 실현하게 될 것이다.

미래를 위해 뿌리로 돌아가자

에버트-얀 아우어네일(Evert-Jan Ouweneel)

1950년 5월 9일, 프랑스 외무부 장관 로베르 쉬망은 독일 동료인 콘라드 아데나워에게 두 나라가 유럽에 석탄 철강 공동체를 형성해야 한다고 제안했고, 다른 유럽 국가를 초국가적인 권한 하에 석탄과 철강산업을 배치하도록 초대했다. 그 목적은 "생각할 수 없을 뿐만 아니라 물질적으로도 전쟁을 불가능하게 만드는 것"이었다.

쉬망의 제안은 오늘날의 유럽연합을 향한 첫 번째 대담한 조치였다. 그는 '유럽의 아버지'로 알려지게 되었다. 그러나 쉬망이 유럽을 전후 대륙으로 상상했을 뿐만 아니라 기독교적 가치에 깊이 뿌리내린 사람의 공동체로 상상했다는 것을 아는 사람은 거의 없을 것이다. 아데나워와의 서신에서, 이 독실한 신자 두 사람은 기독교적 기초에 유럽을 재건하기 위해 주어진 섭리적인 기회에 대해 이야기했다.

지난 수십 년 동안, 유럽은 명백히 이러한 비전을 벗어났다. 몇 년 전, 제안된 유럽연합 헌법에서 기독교의 뿌리를 언급하는 것 자체를 금지하는 것이 가능한 것처럼 밝혀졌다.

기독교인으로서 이것에 어떻게 대응해야 하는가? 쉬망의 비전을 포기해야 할까? 평등, 연대, 자유, 평화 등 유럽에서 가장 고귀하게 인정받는 가치가 힘과 중요성을 잃지 않고 비기독교화 될 수 있을까?

이 책에서 필자는 유럽이 기독교적 뿌리에서 그것의 기본적 가치를 분리하는 대가를 지불했다는 것을 설명할 것이다. 품위와 연대는 공허한 개념이 되었고, 자유와 평화는 '제국주의적 확장(imperial over-stretch)'으로 고통받고 있다. 하지만 비극이라고 생각하는 것 이상으로, 필자는 그것을 기회로 삼고 싶다. 평등, 연대, 자유, 평화의 가치를 고려할 때, 필자는 기독 신앙이 유럽 사회에 대해 중요한 공헌을 다시 할 수 있는 많은 가능성을 본다. 필자는 확실히 유럽의 문화적 기독교 같은 옛 시절로 되돌아갈 것을 기대하거나 심지어 소망하지도 않는다. 유럽 기독교의 작아진 규모 자체가 하나의 기회다. 그러나 유럽에서 가장 존경 받는 가치의 기독교적 뿌리에 대해 우리가 소심해 할 이유는 없다.

신적 은혜로서 평등함

히브리인이 하나님 한 분만 경배받을 가치가 있는 분이고, 하늘이나 땅에서는 그 어떤 피조물도 숭배되어서는 안 된다고 믿는 것은 매우 독창적인 것이었다. 성경 시대에 중동 대부분의 통치자는 신처럼 대우받았지만 히브리인은 그들의 왕이 가졌던 모든 약점과 불완전함을 기억했다. 히브리 사람이 진정한 하나님에게 희망을 품은 것은 바로 다윗과 솔로몬과 같은 왕들의 단점 때문이었다.

수세기 후에, 예수님은 하나님이 악한 사람에게나 선한 사람에게나 똑같이 해를 떠오르게 하시고, 의로운 사람에게나 불의한 사람에게나 똑같이 비를 내려 주신다고 말했다(마 5:45). 모든 사람은 똑같이 하나님의 은총에 의존한다. 초기 기독교인은 이러한 인식을 확인했고 로마 황제를 신으로 숭배하기를 거부했다. 다니엘처럼, 그들은 인간의 평등을 믿었기 때문에 사자 굴에 던져졌다. 다니엘과 달리, 그들은 그들의 신념에 대한 대가를 치렀다.

수세기 후에, 인간의 평등에 대한 생각은 현대 유럽에서 민주적 사고의 상승을 촉진시켰다. 하지만 철학자는 신의 사랑과 보살핌을 받는 인간의 존엄성을 고수하는 대신, 무엇이 진실이고 옳은지를 알고 행동할 수 있다는 인간의 존엄성을 강조하기 시작했다. 인간의 존엄성은 그것의 관계적 맥락과 단절되고 대신에 인간의 능력과 연관된다.

수세기가 지난 지금, 우리는 다시 곤경에 처했다. 억압과 이념적 파탄으로 가득 찬 우리의 폭력적인 역사를 되돌아보면, 우리는 올바른 선택을 할 수 있는 능력에 대해 인류를 칭찬하는 데 큰 어려움을 겪는다. 결과적으로, 우리의 존엄성에 대한 생각은 공허해졌다. 많은 사람이 어떤 선택을 하든 인간의 능력을 강조함으로써 그것을 살리려고 한다. 그러나 만약 우리의 존엄성이 오직 우리 자신을 위해 선택할 수 있는 능력에 달려 있다면, 우리 선택의 질과 다른 사람이 무엇을 선택하든 간에, 우리는 외로운 생물이고 원숭이를 선택하는 것과 거의 다르지 않다.

여기 유럽 사회에 대해 기독 신앙이 중요한 공헌을 증명할 수 있는 엄청난 기회가 있다. 인간의 능력에 대한 포스트모던적 실망은 인간의 존엄성이 인간의 힘이 아니라 인간의 약점에 기반을 두고 있다는 기독교적 생각을 다시 받아들이는 훌륭한 출발점이다. 좋은 소식은 바로 이것이다. 모든 것이 동등하게 의존적이고 하나님의 사랑하시는 은혜로부터 똑같이 이익을 얻을 수 있다는 것이다!

가족 의무로서 연대

콘스탄틴, 샤를마뉴, 중세 후기 독일에서 기독 신앙은 통일의 중요한 원천으로 여겨졌다. 이 모든 제국은 황제가 이끄는 한 귀족기관과 교황이 이끄는 한 종교기관이 결합했다. 하나의 '가톨릭' 교회는 한 하나님의 가족으로 여겨졌다. 믿음은 개인적인 사연이 아니라 사람들을 형제자매로 만들고 그들을 평생 단합하는 것으로 받아들여졌다.

기독교인이 된다는 것은 보통 한 국가의 정치 질서와 일치하는 '성스러운 질서'를 따르는 것으로 해석되었다. 교회 구성원은 개인의 자유 선택의 문제가 아니라 주로 자신이 출생한 지역 사람에 대한 충성심과 연대의 문제였다. 우리는 이것을 좋아하지 않을 수도 있지만, 수세기 동안 그것은 강한 이점이 있었다. 교회 구성원이 되는 것은 국가적 의미가 있었기 때문에 연대 또한 국가적 의미가 있었다.

이미 8세기에, 샤를마뉴는 신하에게 십일조를 교회에 내도록 의무화했다. 그래서 국가 기관으로서 교회는 사회에 가장 어려운 사람들을 돌볼 수 있었다. 16세기부터 독일의 루터란 교회, 영국 교회, 네덜란드 개혁교회 같은 개신교 교회도 국가 교회가 되었다. 그 이후로 자선단체는 주로 국가 교회의 관심사였다.

이러한 국가적, 제도적 연대는 유럽이 세속화에 의해 타격을 받은 후에도 사라지지 않았다. 다만 그 방식에 변화가 있어 2차 세계대전 이후부터는 국가가 국민의 복지를 주로 책임져야 한다고 생각했다. 이 상황은 복지 국가가 너무 비용이 많이 들고 어떤 면에서는 도움이 필요한 사람에게 너무 쉬운 것으로 판명될 때까지 수십 년 동안 계속되었다. 유럽은 시민사회에서 더 중요한 역할을 하기 시작했다.

그리고 지금 우리는 곤경에 처해 있다. 이미 프랑스 혁명 당시 사람은 형제애(brotherhood)라는 개념을 종교적 맥락에서 벗어나 사회계약 참여자들을 언급하는 정치적 개념으로 바꾸려고 노력했다. 한 분의 천상의 아버지와 한 명의 왕 아래 통일되는 대신, 사람은 자유로운 계약으로 결속되었다. 연대는 이전의 가족 의무와 단절되어 자유의지와 연결되었다.

하지만 많은 이가 서로를 괴롭히지 않을 정도로만 연대하겠다는 의지를 잃은 사회에서는 어떻게 해야 할까? 존엄성이라는 개념처럼, 우리의 연대에 대한 개념은 공허하게 되었다. 즉 우리는 형제애라는 개념을 그것과 함께 따르는 가족의 의무로부터 해방시켰다. 가정생활의 '성스러운 질서'에 따르는 연대 대신, 우리는 무한한 개인주의에 자리를 내주는 '형제애'를 축하하기 시작했다.

여기에 기독 신앙이 유럽 사회에 대해 중요한 공헌을 할 수 있는 또 다른 기회가 있다. 분명히 우리는 옛날의 국가 교회로 돌아갈 수는 없다. 대신에 우리는 사도행전 17장에서 바울이 한 말을 반복해야 할지도 모른다. 아레오바고 앞에 서서 그는 이렇게 말했다.

> 그분은 모든 사람에게 생명과 호흡과 모든 것을 주시는 분이십니다.…여러분의 시인 가운데 어떤 이들도 '우리도 하나님의 자녀이다' 하고 말한 바와 같이, 우리는 하나님 안에서 살고, 움직이고, 존재하고 있습니다. _25-28절, 새번역

연대의 개념은 모든 인간이 같은 기원을 가지고 있고, 따라서 하나님께서 주신 가족의 신성한 질서 속에서 형제자매로 결합된다는 기독교 신앙에 확고하게 바탕을 둘 수 있다. 그리고 그 세계적인 가족 내에서 어떤 사람은 "아바! 아버지!(갈 4:6)"라고 부르는 그분을 알게 되었다. 그리고 이것은 좋은 소식이다, 언젠가 이 "하나님의 자녀들(롬 8:19)"에 의해 표현된 연대의 결과로 피조물 전체가 이익을 볼 것이다!

공동체 이슈로서의 자유

기독교는 평등과 연대뿐만 아니라 자유에 대해서도 유럽으로 하여금 감사하게 만들었다. 루터는 믿음이란 기본적으로 마음의 문제였고 모든 사람은 먼저 자신의 양심을 따라야 한다는 것을 옹호한 첫 번째 사람 중 한 명이었다. 그가 신앙의 자유(Glaubensfreiheit)라고 옹호했던 것은 천천히, 아주 천천히 유럽 사회의 가장 기본적인 가치 중 하

나가 되었다. 그러나 루터는 신앙의 자유를 신앙 공동체와 결코 단절시키지 않았다. 그는 특정한 믿음을 받아들이는 것은 개인적인 문제이지만 신앙 자체는 그렇지 않다는 것을 매우 잘 알고 있었다. 우리는 어떤 믿음을 포용해야 할지 알기 위해 그리고 우리의 믿음을 견지하기 위해 믿음의 공동체가 필요하다. 동료 신앙인들과 함께 있지 않는다면, 우리는 언젠가 스스로에게 물어볼 것이다.

"내가 혼자라면 왜 믿음을 가져야 할까?

18-19세기에는 개인의 신념이 강조되면서 개인의 진정성이 발견되었는데, 그것은 '자신의(도덕적) 감정을 무시하지 않는 것'과 '자신의 방식으로 자신을 표현하는 것'이었다. 복음주의 운동은 낭만주의와 함께 시작되었고, 당신 자신의 양심을 따르는 보다 더 감상적인 해석을 채택했다. 19세기 말, 진정성은 한 개인의 독특한 정체성과 연관되었다. '자기 자신이 되는 것'은 '독창적이 되는 것'과 결합되었다.

이 모든 것은 그리스도인의 생활뿐만 아니라 사회생활에도 많은 영향을 끼쳤고, 얼마 후 그것은 또한 교회 기관, 교리 그리고 예배의식을 포함한 전통에 대해 의심을 불러일으켰다. 점점 더 많은 사람이 전통 기독교를 진정성에 대한 방해물로 보기 시작했다. 특히 가장 오래된 전통과 가장 강력한 계급 구조를 지닌, 오래된 국가교회는 비인간적이고, 거슬리는 제한된 보수주의와 연관되었다. 2차 세계대전 후, 유럽인은 많은 수의 교회를 그만두고 그들 자신의 영적 삶을 살기 시작했다.

그리고 지금, 우리는 다시 곤경에 처해 있다. 처음에 기독교의 권력 구조를 떠나 자신의 마음을 따르는 것은 매우 자유로워 보였다. 그러나 영적 전통과 동료 신자가 없다면, 믿음의 자유에 따라 행동하는 것은 쉽게 외롭고 방향 감각을 잃어버릴 수 있음이 밝혀졌다. 많은 유럽의 지성인들은 동양의 정신적 전통에서 피난처를 찾았다. 그러나 더 많은 난민이 남았고 새로운 세대는 어떠한 나침반이나 공동체 없이 자랐다. 이것은 유럽 사회에 두 가지 주요한 문제를 야기했다. 노인의 사회적 고립과 젊은이 사이의 영적 혼란이 그것이다.

우리는 우리 자신의 믿음을 창안할 수 없다. 아무리 영적인 대답을 갈망하더라도, 그것을 제공하는 것은 역사이며 보존하는 것은 사회다. 우리가 그것을 좋아하든 좋아하지 않든, 역사성, 공동체성 그리고 '고령성'은 여전히 설득력 있고 지속적인 믿음의 주요 특징이다.

여기에 기독 신앙이 유럽 사회에 대해 중요한 공헌을 할 수 있는 세 번째 기회가 있다. 그러나 이 기회를 잡기 위해서는 기독교가 그들 자신의 개인주의적 경향에서 벗어나서 자신의 '기독교적 뿌리'를 재발견함에 있어 나머지 유럽에 합류해야 할 것이다. 우리가 '모든 민족을 제자로 삼는 것(마 28:19)'과 '죄사함을 받게 하는 회개가 모든 민족에게 전파(눅 24:47)'해야 할 사명을 받을 때, 우리는 개인이 아닌 공동체에 중점을 둔다. 우리는 모든 개인을 위해 신앙 공동체의 부흥을 격려하라는 사명을 받았다!

개인의 선택이 '제국주의적 확장'으로 고통받는 시대에, 좋은 소식은 바로 이것이다. 자유는 외로운 모험이 아니라 공동체에 존재하는 축복이다. 결국 믿음은 팔, 다리, 무릎, 손이 서로 지탱하고 보완하는 몸에서만 번성할 것이다.

완벽한 생명인 평화

성경에서 '샬롬'이라는 단어는 완전성, 건강, 복지, 안전, 건전성, 평온, 번영, 휴식, 화합 그리고 동요의 부재를 포함한 완벽한 평화를 나타낸다. 기독 신앙에서, 인간은 스스로 이 생명의 충만함에 도달할 수 없다는 것이 명백하다. 그러므로 샬롬은 언제나 하나님의 은혜와 관련이 있다. 그것은 민수기 6장 24-26절에 기록되어 있다.

'주님께서 당신들에게 복을 주시고, 당신들을 지켜 주시며, 주님께서 당신들을 밝은 얼굴로 대하시고, 당신들에게 은혜를 베푸시며, 주님께서 당신들을 고이 보시어서, 당신들에게 평화를 주시기를 빕니다.' _ 새번역

중세시대의 힘든 삶에서, 교회는 죽음, 질병, 굶주림, 가난의 한복판에서 하나님의 샬롬을 경험하는 신성한 피난처였다. 하나님의 존엄은 매일의 불행과 맞서는 것과 같았다.

그 이후 세기 동안에, 이것은 심각하게 변했다. 특히 북서유럽에서는 일상 생활이 개선되었고, 사람은 자신의 삶을 더 잘 통제할 수 있

다고 느꼈다. 과학은 건강을 창출하는 데 초점을 맞췄고, 경제 생활은 부를 창출하는 데 초점을 맞췄다. 지상의 진보를 위한 투쟁은 심지어 유럽에서 도덕적 의무가 되었다. 사람은 '샬롬'이라는 개념을 인간의 능력과 연관시켰다. 하나님의 노력인 '만물의 회복'은 인류를 위한 지상의 요구로 번역되었다.

그러나 몇 세기 내에 진보를 향한 유럽인의 탐구는 진정한 샬롬이 처음이자 마지막까지 하나님의 은총의 표현이라는 생각으로부터 분리되었다. 그리고 유럽이 건강과 부 분야에서 많은 발전을 이루면서, 유럽은 동시에 지구상에서 가장 폭력적인 대륙이 되었다. 화약의 등장은 말 그대로 봉건제도를 무너뜨리고 유럽에 무정부 상태를 만들었다. 15세기에서 20세기까지, 어떤 교황이나 왕도 이 대륙을 지배할 수 없었고 새로운 팍스 로마나를 실현할 수 없었다. 유럽은 대륙뿐만 아니라 지구 구석구석까지 유혈사태에 빠져 있었다.

유럽이 세계를 정복하면서, 하나님이 자기 편이라고 생각했다. 그러나 하나님은 억압받는 이들을 위해 울고 계셨고, 20세기 전반 유럽이 스스로를 파괴했을 때 개입하지 않으셨다. 그것이 완전한 도덕적, 정치적, 경제적, 정신적 파산을 자초한 후에야, 유럽은 평등, 연대, 자유, 평화 속에 사는 한 민족의 공동체인 플랜 B로 전환했다.

첫째, 목표는 경제 협력이었고, 그 다음에는 정치 협력이었다. 1989년 베를린 장벽이 무너진 후, 많은 다른 나라가 유럽연합에 가입했다. 관료적 무게로 고통받는 유럽연합은 어색하고 이해할 수 없는 것처럼 보이기 시작했다. 많은 사람의 눈에, 통합된 유럽에 대한 생각은 그 매력을 잃었다. 그러나 지난 500년 동안 가장 피비린내 나는 대륙이 지난 60년 동안 가장 평화로운 대륙 중 하나가 되었다는 놀라운 사실은 남아 있다. 수세기 만에 처음으로, 유럽은 전쟁을 준비하느라 바쁜 대신 평화를 유지하느라 바쁘다.

돌이켜보면, 전체적인 결과는 경이롭다. 그러나 유럽은 세계의 한 부분으로서 새로운 도전에 직면해 있다. 그것의 가치는 빈곤, 이주, 전염병, 기후 변화, 글로벌한 테러리즘, 국제적인 범죄, 핵무기, 에너지 위기, 경제 위기 및 식량 위기와 같은 세계적인 문제에 의해 엄격하게 시험되고 있다. 이러한 세계적인 문제에 직면하여, 유럽은 다시 한 번 스스로의 가치에 부응해야 하는 어려움에 직면해 있다. 우리의 자유처럼, 우리의 샬롬이라는 가치는 '제국주의적 확장'으로 고통받고 있다.

다시 한번 우리는 기독 신앙이 유럽 사회에 대해 중요한 공헌을 할 수 있는 기회에 직면해 있다. 우리는 실패와 전 세계적인 고통 속에서 우리가 하나님의 샬롬을 경험할 수 있는 신성한 피난처가 여전히 필요하다. 우리는 여전히 우리 내면과 주변 세계의 고통에 대항하는 하나님의 위엄이 필요하다. 그리고 우리는 우리가 극복할 수 없는 어려움들을 극복할 수 있는 메시아가 여전히 필요하다.

그래서 일부 기독교인은 성경의 마지막 말을 반복하는 것을 멈출 수 없다.

"오십시오, 주 예수님! 주 예수의 은혜가 모든 사람에게 있기를 빕니다."

그들이 정의롭고 번영하는 세상을 갈망하고 그것을 만드는 인간의 능력에 실망할 때마다, 그들은 그리스도의 지도하에, 언젠가 전 세계가 평등, 연대, 자유 그리고 평화의 진정한 의미를 경험할 것이라는 복음에 집착하게 되는 것이다.[87]

---

87 에버트-얀 아우어네일은 네덜란드의 철학자 겸 월드비전의 유럽 지사의 기업 정체성 고문이다. 그는 2010년 5월 9일 브뤼셀의 부활 채플(the Chapel of the Resurrection)에서 쉬망 선언 60주년 기념식에서 이 글을 낭독했다.

유럽인권조약

이전에는 인권 및 기본 자유를 보호하기 위한 조약(*CONVENTION FOR THE PROTECTION OF HUMAN RIGHTS AND FUNDAMENTAL FREEDOMS*)이었던 유럽인권조약(*EUROPEAN CONVENTION ON HUMAN RIGHTS: ECHR*)은 유럽에서 인권과 기본적 자유를 보호하고 법적 기준, 인권, 민주적 발전, 법과 문화적 협력의 규정을 강조하는 국제조약이다.

ECHR은 1950년에 10개의 회원국으로 시작되었고 현재 약 8억 명의 시민이 있는 47개의 회원국을 가지고 있다. 1950년 당시 초기 유럽평의회에 의해 발의된 이 협약은 1953년 9월 3일에 발효되었다.

그 협약은 유럽인권법정을 설립했는데 이것은 정말 혁신적인 것이었다. 이전에는 국가만이 국제법에서 주체로 간주되었으나 이제는 개인들이 국제 무대에서 적극적인 역할을 맡았다. 유럽협약은 여전히 이렇게 높은 수준의 개인 보호를 제공하는 유일한 국제인권협약이다.

다음은 인권과 관련된 조항이다.

제1조 인권 존중의 의무
계약 당사자들은 본 협약의 제1절에 정의된 권리와 자유를 관할 내의 모든 사람에게 보장해야 한다.

제2조 생명에 대한 권리

1. 모든 사람의 생명권은 법에 의해 보호되어야 한다. 아무도 이 형량이 법에 의해 주어지는 범죄에 대한 유죄 판결을 받은 후, 법정 형량을 집행하는 것을 제외하고 자신의 생명을 의도적으로 빼앗겨서는 안 된다.

2. 생명을 취하는 것은 절대적으로 필요한 아래의 경우 무력을 사용해도 조항의 위반으로 간주되지 않는다.

1. 불법적인 폭력으로부터 사람을 보호하기 위해

2. 합법적으로 체포하려 하거나 합법적으로 억류된 사람의 탈출을 방지하기 위해

3. 폭동이나 폭동을 진압하기 위한 목적으로 합법적으로 취해진 경우

제3조 고문 금지

그 누구도 고문을 당하거나 비인간적이고 모멸적인 대우나 처벌을 받아서는 안 된다.

제4조 노예제 및 강제 노동 금지

1. 어느 누구도 노예나 노역으로 억류되어서는 안 된다.

2. 어느 누구도 강요에 의한 또는 강제 노동을 수행하도록 요구받아서는 안 된다.

3. 본 조항의 목적상, "강요에 의한 또는 강제 노동"이라는 용어는 다음을 포함할 수 없다. 본 협약 제5조의 규정에 따라 또는 이러한 구류로부

터 조건부 해제 시 부과되는 일반적인 구류과정에서 수행되어야 하는 모든 작업 군인의 복무 또는 양심적 병역거부자가 인정되는 국가의 경우, 의무적인 군복무 대신에 부과된 복무. 지역공동체의 생명이나 복지를 위협하는 비상사태 또는 재난 시 요구되는 서비스

4. 일반 시민의 의무에 해당하는 일 또는 서비스

제5조 자유와 보안에 대한 권리

1. 모든 사람은 개인의 자유와 안전이 보장될 권리가 있다. 아무도 다음의 경우나 법에 의해 규정된 절차에 따르는 것을 제외하고 자유를 박탈당하지 않는다.

① 관할 법원에 의해 유죄 판결을 받은 자에 대한 합법적 억류

② 법정의 법적 명령을 위반하거나 법률에 규정된 의무를 이행하기 위한 법적 구속 또는 구류

③ 범죄를 저지른 합리적인 혐의에 대해 또는 범죄를 저지르는 것을 예방하거나 그렇게 한 후 도주하는 것을 예방하는 것이 필요하다고 합리적으로 여겨지는 경우, 관할 법적 당국으로 그를 인도하기 위해 행해진 사람의 합법적 체포 또는 구류

④ 교육적 감시 목적으로 미성년자를 합법적으로 구금하거나 관할 법적 당국에 인도하기 위해 합법적으로 억류하는 행위

⑤ 전염병의 확산을 방지하기 위해, 정신에 이상이 있는 사람, 알코올 또는 마약 중독자 또는 부랑자들의 합법적 억류

⑥ 불법체류자 추방 또는 송환 목적으로 조치를 취하는 사람의 국가 진입을 방지하기 위한 개인의 합법적 체포 또는 억류.

2. 체포된 모든 사람은 체포의 이유와 그에 대한 어떤 혐의에 대해 그가 이해하는 언어로 즉시 통보 받아야 한다.

3. 본 조약 제1조 c항의 규정에 따라 구속 또는 억류된 모든 사람은 사법권을 행사하도록 법원에 의해 인가된 판사나 다른 담당자에게 즉시 인계되어야 하며, 합리적인 시간 내에 재판권을 행사하거나 보류 중인 재판에 회부할 수 있어야 한다. 석방은 재판에 참석한다는 조건 하에 결정될 수 있다.

4. 체포 또는 구류로 자유를 박탈당한 사람은 누구나, 법원에 의해 신속하게 구금의 정당성을 결정하고 구금이 적법하지 않을 경우 석방 명령을 받는 절차를 밟을 권리가 있다.

5. 본 조항의 규정을 위반하여 구속 또는 구금의 희생자가 된 모든 사람은 보상받을 수 있는 집행 가능한 권리를 갖는다.

제6조 공정한 재판을 받을 권리

1. 그의 시민적 권리와 의무 또는 그에 대한 형사 고발을 결정함에 있어, 모든 사람은 법에 의해 제정된 독립적이고 공정한 재판소에 의해 합리적인 시간 내에 공청회를 가질 권리가 있다. 판결은 공개적으로 표명되어야 하지만 청소년들의 이익이나 당사자들의 사생활 보호가 필요한 경우 또는 공공성이 정의의 이익을 해치는 특수한 상황이어서 법원의 의

견에 절대적으로 필요한 경우 언론과 일반인은 민주주의 사회에서 도덕, 공공질서 또는 국가안보를 위해 재판의 전부 또는 일부에서 제외될 수 있다.

2. 범죄로 기소된 모든 사람은 법에 따라 유죄가 입증될 때까지 무죄로 간주한다.

3. 범죄로 기소된 모든 사람은 다음과 같은 최소한의 권리가 있다.

① 그에 대한 고발의 성격과 원인을 알고 있는 언어로 자세히 그리고 즉시 통보해야 한다.

② 그가 변호를 준비하기 위한 적절한 시간과 시설을 갖추어야 한다.

③ 직접 또는 자신이 선택한 법적 지원을 통해 자신을 변호하거나, 법적 지원을 받을 수 있는 충분한 수단이 없는 경우, 정의의 이익을 요구할 때 무료로 할 수 있어야 한다.

④ 그에 대한 증인을 조사하거나 조사하고, 그에 대한 증인과 같은 조건으로 그를 대신하는 증인의 출석 및 심사를 받는다.

⑤ 법원에서 사용하는 언어를 이해하거나 말할 수 없는 경우 통역사의 자유로운 도움을 받는다.

제7조 법 없는 처벌 금지

1. 국가 또는 국제법에 따라 범죄행위를 구성하지 않은 행위나 누락 때문에, 어느 누구도 형사법에 대해 유죄를 인정받지 못한다. 또한 범죄가 저질러졌을 때 적용 가능한 벌칙보다 더 무거운 처벌이 부과되지 않는

다.

2. 본 조항은 시민 국가가 인정하는 법률의 일반 원칙에 따라 범죄한 행위나 누락에 대해 어떤 사람의 재판과 처벌을 침해해서는 안 된다.

제8조 개인 및 가족생활을 존중할 권리

1. 모든 사람은 그의 사생활과 가족생활, 그의 집과 그의 서신을 존중할 권리가 있다.

2. 공공기관은 법률에 따른 경우를 제외하고, 국가 안보, 공공 안전 또는 국가의 경제적 안녕을 위해, 무질서나 범죄를 예방하고, 보건이나 도덕을 보호하고 다른 사람의 권리와 자유를 보호하기 위해 민주주의 사회에서 필요한 경우를 제외하고, 이 권리를 행사하는 데 공공기관의 간섭이 없어야 한다.

제9조 사고, 양심 및 종교의 자유

1. 모든 사람은 생각, 양심, 종교의 자유에 대한 권리를 가지고 있다. 이 권리는 혼자 혹은 다른 사람과 공동체 안에서 그리고 공공 또는 사적으로 자신의 종교나 믿음을 바꾸거나 예배, 가르침, 실천 그리고 준수함으로 드러낼 자유를 포함한다.

2. 종교나 신앙을 표명할 수 있는 자유는 법률이 정하는 제한의 대상이 되어야 하며 공공질서, 보건 또는 도덕의 보호 또는 타인의 권리와 자유를 보호하기 위해 공공안전을 위한 민주주의 사회에서 필요하다.

제10조 표현의 자유

1. 모든 사람은 표현의 자유에 대한 권리가 있다. 이 권리는 의견의 보유와 정보 및 아이디어를 공공기관의 간섭 없이 그리고 국경의 제한 없이 접할 수 있는 자유를 포함해야 한다. 본 조항은 각 주가 방송, 텔레비전 또는 영화 산업의 허가를 요구하는 것을 막지 않아야 한다.

2. 이러한 자유의 행사에는 의무와 책임이 수반되기 때문에, 이러한 자유는 법률에 규정된 형식, 조건, 제한 또는 처벌의 대상이 될 수 있으며, 국가 안보, 영토 보전 또는 공공 안전을 위해, 무질서 또는 범죄를 예방하기 위해, 건강이나 도덕의 보호, 타인의 평판이나 권리를 보호하기 위해, 신용으로 받은 정보의 공개를 막거나, 사법부의 권한과 공정성을 유지하기 위해 민주주의 사회에서 필요하다.

제11조 집회 및 결사의 자유

1. 모든 사람은 자신의 이익을 보호하기 위해 노동조합을 결성하고 가입할 수 있는 권리를 포함하여, 평화적인 집회의 자유, 다른 사람들과 연대할 수 있는 결사의 자유에 대한 권리가 있다.

2. 국가보안이나 공공안전을 위하여 민주사회에서 필요한 것 외에, 보건 또는 도덕의 보호 또는 타인의 권리와 자유를 보호하기 위하여, 이러한 권리의 행사에는 어떠한 제한도 두어서는 안 된다. 이 조항은 군대, 경찰 또는 국가 행정부에 의한 이러한 권리 행사에 대한 법적 제한을 부과하는 것을 방지해서는 안 된다.

제12조 결혼에 대한 권리

이 권리의 행사를 지배하는 국가법에 따라, 결혼 적령기의 남성과 여성은 결혼하고 가정을 꾸릴 권리가 있다.

제13조 효과적인 보상에 대한 권리

이 협약에 명시된 권리와 자유를 침해당한 모든 사람은 공식 자격으로 행동하는 사람에 의해 위반되었음에도 국가권력 앞에서 효과적인 보상책을 가져야 한다.

제14조 차별 금지

본 협약에 제시된 권리와 자유를 누리는 것은 성별, 인종, 피부색, 언어, 종교, 정치 또는 기타 의견, 국가 또는 사회적 기원, 소수 민족, 재산, 출생 또는 기타 지위와 같은 어떠한 이유로도 차별 없이 보장되어야 한다.

제15조 비상시 예외 조치

국가의 생명을 위협하는 전쟁 또는 기타 공공 비상사태의 경우, 해당 조치가 국제법에 따른 다른 의무와 모순되지 않는 한, 높은 계약 당사자는 이 협약에 따른 의무를 위반하는 조치를 취할 수 있다.

합법적인 전쟁 수행 또는 제3, 4조(제1항) 및 제7조로 인한 사망에 관한 경우를 제외하고, 제2조로부터의 어떠한 손상도 본 규정에 따라 시행되지 않는다.

이 예외 조치를 행사하는 모든 고위 계약 당사자는 유럽이사회가 취한 조치와 그 이유에 대해 유럽평의회 사무총장이 충분히 숙지하도록 해야 한다. 또한 그러한 조치가 작동을 중지하고 협약의 조항이 다시 완전히 시행되는 경우 유럽평의회 사무총장에게 통지해야 한다.

제16조 외부인의 정치적 활동 제한
제10조, 제 11조 및 제 14조의 어떤 내용도 고위 계약 당사자들이 외부인의 정치적 활동에 제한을 가하는 것을 막는 것으로 간주되지 않는다.

제17조 권리 남용 금지
이 협약의 어떤 내용도 국가, 단체 또는 개인에게 어떤 활동에 참여할 권리를 주거나, 여기에 명시된 권리와 자유를 파괴하거나, 협약에 제공된 것보다 훨씬 더 큰 범위까지 제한하는 것을 목표로 하는 행위를 수행할 권리를 의미하는 것으로 해석되지 않을 수 있다.

제18조 권리에 대한 제한사항 이용 제한
전술한 권리와 자유에 대한 이 협약에 따라 허용된 제한은 규정된 것 이외의 어떤 다른 목적에 적용되지 않는다.

1992년 브뤼셀 선언

유럽의 다양한 단체와 교회에서 온 복음주의 지도자 모임은 EUROPA 92 협의에 참여하여 다음을 확인한다.

1. 우리는 일반적으로는 유럽연합 그리고 특별히 유럽공동체(현재의 연합)의 절차에 대한 우리의 태도를 재평가하고, 이 과정에 개입하는 것에 대한 무관심을 뉘우칠 필요가 있다.

2. 단일 민족 국가 또는 다민족 국가(로마 또는 유럽공동체/유럽연합과 마찬가지로)의 정부 기관이 하나님께서 설정하신 권위의 영역(롬 13:7)이며, 공무원들 및 정치인들은 '하나님의 일꾼'으로 불리고(diakonos - 롬 13:4) 하나님께서 주신 권한 안에서 활동할 때 복종해야 한다.

3. 기독교인으로서 우리는 국가 및 유럽연합의 정부 관리들을 위해, 현명하고 정의로운 정부를 위해 기도할 일차적 의무가 있으며, 사회적으로 '조용하고 평화로운' 조건이 조성되어 복음 전도를 용이하게 할 수 있도록 해야 한다(딤전 2:1-4).

4. 유럽공동체/유럽연합의 원래 비전은 주로 경제적인 것이 아니라, 성경의 가치들과 일치하며, 전쟁하는 유럽 국가가 그들의 '부족적 분쟁'을 중단하고 진정한 국가의 공동체로 화합시키는 것을 목표로 한다.

5. 실제 세계에서는 결과가 항상 의도를 따르는 것은 아니며, 몇 가지 우려되는 사항들은 지속적인 모니터링이 필요하다.

• 경제적 및 물질적 가치가 유럽공동체/유럽연합의 의사결정 프로세스를 지배하려는 경향

• 이러한 과정에서 민주적 결핍으로 인해 권력 남용이 발생할 수 있다는 잠재적 경고.

• 독재적 의사 결정의 위험을 증가시키는 최근 몇 년의 발전 속도

• 비성경적 세계관이 새로운 유럽을 인도할 영적 가치로 지배할 가능성

6. 유럽연합의 통합 과정에 의해 창출되는 수많은 기회를 탐구하고 파악해야 한다.

• 제한된 신앙의 자유를 가진 나라에서 복음전도 및 선교

• 새롭게 해방된 중앙 및 동부 유럽 국가의 재건을 위한 집단적 조치

• 복음주의 기독교인이 신흥 유럽의 영적 특성과 가치를 형성하도록 도움.

7. 오늘날 유럽연합과 진정한 공동체에 도전하는, 인종차별, 민족주의, 이슬람의 부상, 난민 유입 및 환경 등의 이슈는 인종, 국가 및 문화를 초월하는 성경의 관점에서만 충분히 대응할 수 있으며 이것은, 경쟁적인 세계관에 대한 관용을 허용하는 안전한 희망을 제공하고, 하나님의 사람이 환대 및 연민을 가져야 함을 요구하며 지구의 자원에 대한 현명한 관리를 필요로 한다.

8. 그리고 복음의 능력은 보존(소금)과 구원(빛)의 차원을 둘 다 가지고 있고, 따라서 우리는 하나님의 말씀을 정치, 경제, 사회적 문제를 포함한 죄의 영향을 받는 모든 삶의 영역에 적용해야 한다.

유럽학 연구를 위한 쉬망 센터

유럽학 연구를 위한 쉬망 센터(The SCHUMAN CENTRE FOR EUROPE-AN STUDIES)는 공통의 가치와 이익을 공유하는 기관들과 협력하는 가상, 학문 간, 국제연구센터다. 2010년 5월 8-9일인 유럽의 날 주말, 브뤼셀에서 시작된 이 센터는 과정과 행사, 연구 모임 및 싱크탱크, 프로젝트 및 자원을 통해 유럽의 과거, 현재 그리고 미래에 대한 성경적 관점을 모색함으로써 '기독교적 가치에 깊이 뿌리내린 유럽'에 대한 비전을 홍보하는 것을 목표로 하고 있다. 활동은 다양한 유럽 지역에서 열린다.

지금까지 개최된 코스와 행사는 다음과 같다.

· 한 달 간의 유럽학 하계 학교
· 야간 유럽 연구 학교, 6개월에 걸쳐 2주마다 개최, 처음은 암스테르담에서 열림
· 암스테르담, 제네바, 브뤼셀 및 루벤에서 강의, 영화, 현장 학습 및 토론으로 이어지는 1주일간의 마스터 클래스
· 매년 유럽의 날인 5월 9일, 유럽연합 의장국인 수도에서 개최되는 '유럽 국가' 포럼
· 유럽의회 조찬기도회에 앞서 12월에 브뤼셀에서 개최된 영성 및 정치

에 관한 쉬망 심포지엄

· 루마니아 이아시(Iasi)에서 정기적으로 열리는 **로베르 쉬망 강의**

· 매년 여름 유럽대륙 또는 아일랜드와 영국에서 개최되는 **헤리티지 투어** 프로젝트 및 (계획된) 자원에는 다음이 포함된다.

· 여론에 알리기 위한 간행물, 논문 및 책

· 리소스 웹 사이트: www.schumancentre.eu/resources

· 주간 블로그: www.weeklyword.eu

· 자세한 정보: www.schumancentre.eu 또는 info@schumancentre.eu

· 사무실 주소: ZWARTEWEG 10, 8181PD HEERDE, NL(네덜란드)

유럽학 연구를 위한 쉬망 센터는 아래 기관과는 혼돈되지 않아야 한다.

· 로베르 쉬망 재단/로베르 쉬망 재단은 베를린 장벽이 무너진 후 1991년에 설립된 단체로, 유럽연합의 국경 이내뿐만 아니라 그 너머에 이르기까지 유럽의 가치들과 이상을 증진하기 위해 파리 및 브뤼셀에 설립되었다. 참조 연구 센터인 이 재단은 유럽연합과 프랑스, 유럽 및 세계의 다른 곳에서 유럽연합의 정책을 홍보하는 연구를 개발한다. www.robert-schuman.eu 참조.

· 유럽 통합 과정의 주요 이슈에 대한 학문 간, 비교 및 정책 연구를 위해 설립된 고등 연구를 위한 로베르 쉬망 센터(THE ROBERT SCHUMAN CENTRE FOR ADVANCED STUDIES: RSCAS). RSCAS는 1992년 이탈리아 산 도메니코 디 피솔르(San Domenico di Fiesole)에 있는 유럽대학연구소(European University Institute)의 한 센터로 설립되어 학문 간 및 비교 연구를 개발하고 통합과정과 유럽 사회가 직면하고 있는 주요 이슈에 대한 연구를 수행하고 있다.

www.eui.eu/DepartmentsAndCentres/RobertSchumanCentre/Index.aspx 참조.

· 로베르 쉬망 유럽학 및 연구/센터(The Robert Schuman Centre for European Studies and Research/Centre d'Etudes et de Recherches Européennes Robert Schuman (CERE)는 룩셈부르크에 있으며 유럽 통합의 역사에 대한 지식을 증진시키기 위해 1990년에 설립되었다. www.cere.etat.lu 참조.

참고문헌

Ashcroft, John & Schluter, Michael, eds: *The Jubilee Manifesto*, IVP 2005

Benedict XVI: *St Paul–General audiences July 2*, 2008–Feb 4, 2009, Ignatius Press, 2009

Bond, Martyn; Smith, Julie & Wallace, William, eds: *Eminent Europeans*, Greycoat Press, 1996

Catherwood, Sir Fred: *Pro-Europe?* IVP 1991

Davies, Norman: *Europe*, Oxford, 1996

Gray, John: *Straw Dogs: Thoughts on Humans and Other Animals*, Granta, 2002

Habermas, Jürgen, *Time of Transitions*, Polity Press, 2006

Hume, Basil: *Remaking Europe*, SPCK, 1994

Joint Declaration of the Doctrine of Justification(JDDJ), Eerdmans, 2000

Keyserlingk, Robert Wendelin: *Patriots of Peace*, Colin Smyth,1972.

Krijtenburg, Margriet: *Schuman's Europe: His frame of reference*, doctoral dissertation, Leiden/The Hague, 2012

Koyzis, David: *Political Visions and Illusions*, IVP, 2003

Lean, Garth: *Frank Buchman, a life*, Constable & Son, 1985

Lee, David & Schluter, Michael: *The R-Factor*, Hodder & Stoughton, 1993

Johnston, Douglas & Sampson, Cynthia, eds: *Religion: the missing dimension of statecraft*, OUP, 1994

Mittendorfer, Rudolf: *Robert Schuman—Architekt des neuen Europa*, Weihert Druck GmbH, 1983.

Mottu, Philippe: *The Story of Caux*, Grovesnor, 1970

Noll, Mark & Nystrom, Carolyn: *Is the Reformation Over?*, Baker 2005

Pelt, Jean—Marie: *Robert Schuman, Father of Europe*, Fondation Robert Schuman, 2000

Schuman, Robert, *For Europe*, Fondation Robert Schuman, 2010

Toynbee, Arnold, *A Study of History*, 12 volumes published between 1934—1961, Oxford University Press

Papers:

Price, David Heilbron: 'Robert Schuman's warning of the Nazi destruction of the Jews, August 1942' www.users.belgacombusiness.net/schuman/ Jews.htm – accessed 26.4.10

Cole, Graham and Schluter, Michael: 'From Personalism to Relationism: Commonalities and Distinctives', 2004, www.jubilee-centre.org/ resources

Bekemans, Léonce: 'The Christian Identity in the Pluralistic Europe', European Forum of National Laity Committees, "Religion and Diversity in Europe", Bratislava, 2.07.2008

역자가 본서를 접하게 된 것은 벨기에 브뤼셀에서 사역하던 지난 2010년이었다. 유럽연합의 수도인 브뤼셀에 있으면서 자연스럽게 그 역사에 대해 관심을 가지게 되었다. 그러면서 로베르 쉬망을 알게 되었고 이분에 대해 더 깊이 연구해야 하겠다는 마음을 갖게 되었다.

또한 역자가 청년 시절에 한국의 한 유명한 목사님께서 다니엘서와 요한계시록 강해를 통해 말세에 나타날 적그리스도가 바로 유럽연합이라고 주장하던 것을 기억하면서 과연 그런지 확인하고 싶었다.

그러던 중 필자인 제프 파운틴을 알게 되었고 이분이 운영하는 쉬망 센터를 살펴본 후 본서를 접하고 한국어로 번역하여 한국의 그리스도인들에게 바로 알려야겠다는 생각을 갖게 되었다.

앞서 언급한 목사님과 적지 않은 한국의 그리스도인이 가진 오해와는 달리 유럽연합은 오히려 기독교적 세계관에 깊이 뿌리내린 열매다. 1, 2차 세계대전 이후 전쟁을 불가능하게 만들기 위해 프랑스의 쉬망과 독일의 아데나워, 다른 많은 유럽의 기독 정치인이 기도하면서 함께 노력한 결과물이다.

특히 쉬망은 그의 기독 신앙을 정치 영역과 통합한 '유럽연합의 아버지'로서 프랑스와 독일의 국경지대에서 자라나 양국 시민권을 가졌던 경험이 결국 화해와 평화의 중재자로 쓰임 받게 된 것은 하나님의 깊은 경륜이며 섭리라고 말할 수밖에 없을 것이다.

바라기는 본서가 한국의 그리스도인에게 유럽연합의 기독교적 뿌리를 올바르게 이해하고 이 시대에 남북한의 화합과 평화에 기여할 수 있기를 바란다.

2020년 유럽연합 70주년을 맞이하며
독일 아헨(Aachen)에서